CEIBS | 中欧经管图书

中国式增长

朱天 著

中国出版集团
東方出版中心

图书在版编目（CIP）数据

中国式增长 / 朱天著. —上海：东方出版中心，
2019.10（2021.6 重印）
ISBN 978-7-5473-1557-6

Ⅰ. ①中… Ⅱ. ①朱… Ⅲ. ①中国经济—经济增长—
研究 Ⅳ. ①F124.1

中国版本图书馆CIP数据核字（2019）第213011号

丛书策划　刘佩英
特约策划　胡峙峰
责任编辑　徐建梅
特约编辑　朱　枫　张碧萱
装帧设计　**奇文雲海 Chival IDEA**

中欧前沿观点丛书

中国式增长

著　　者　朱　天

出版发行　东方出版中心
地　　址　上海市仙霞路345号
邮政编码　200336
电　　话　021-62417400
印 刷 者　山东韵杰文化科技有限公司

开　　本　890mm×1240mm　1/32
印　　张　4.625
字　　数　75千字
版　　次　2019年10月第1版
印　　次　2021年6月第5次印刷
定　　价　49.00元

中欧前沿观点丛书

院长的话

1994年，中欧国际工商学院（下称“中欧”）由中国政府和欧盟联合创立。廿五载风雨兼程，伴随着中国经济稳步迈向世界舞台中央的历史进程，中欧从西方经典管理知识的引进者，逐渐成长为全球化时代中国管理知识的创造者和传播者，走出了一条独具特色的成功之路，建成了一所亚洲领先、全球知名的商学院。中欧以“认真、创新、追求卓越”为校训，致力于培养兼具中国深度和全球广度、培养积极承担社会责任的商业领袖，被中国和欧盟的领导者分别誉为“众多优秀管理人士的摇篮”和“欧中成功合作的典范”。目前，中欧的MBA和EMBA课程均位列英国《金融时报》排行榜全球五强，在亚洲商学院中无出其右者，与全球顶尖商学院相比亦不遑多让。

中欧拥有世界一流的教授队伍，其中有70余位全职教授，来自全球18个国家和地区，他们不仅博学善教，也引领商业知识的创造。中欧的教授队伍中既有学术造诣深厚、连续多年入选“高被引学者”榜单的杰出学者，又有实战经验丰富的企业家和银行家，以及高瞻远瞩、见微知著的国际知名政治家。

受上海市政府委托，中欧领衔创建“中国工商管理国际案例库（ChinaCases.Org）”，已收录精品案例1 200多篇，被国内外知名商学院广为采用。中欧还独创“实境教学法”，引导商业精英更好地将理论融入实践，做到经世致用、知行合一。

此次，中欧教授中的骨干力量倾力推出中欧前沿观点丛书，不仅是为即将到来的中欧25周年校庆献礼，也是希望以简明易懂的形式让高端学术“飞入寻常百姓家”。我们希望这套丛书能够给予广大读者知识的启迪、实践的参照，以及观察经济社会的客观、专业的视角；也希望随着中欧前沿观点丛书的不断丰富，它能成为中欧知识宝库中的一道亮丽风景线。

李铭俊教授

中欧国际工商学院院长

迪帕克·杰恩（Dipak Jain）教授

中欧国际工商学院欧方院长

2019年9月1日

总　序

中欧前沿观点丛书和读者见面了。首批6本图书于2019年出版发行，而2019年恰逢中欧国际工商学院建院25周年。中欧国际工商学院（下称“中欧”）是中国和欧盟于1994年合作创办的商学院。中欧在短短的25年里创造了世界教育领域的奇迹——从最初十年的默默无闻到最近十多年来屡居全球商学院多个权威榜单的前茅。在英国《金融时报》的榜单中，中欧MBA课程位居全球第五（2019年1月发布），中欧EMBA课程也位居全球第五（2018年10月发布）。两个“全球第五”成为中欧25周年华诞的完美献礼！

中欧能够打造精品课程，仰仗的是中欧教授深厚的学术修养和实操经验。中欧拥有70余位全职教授，来自18个国家和地区，其中中国籍教授占40%（含港澳台），外籍教授占60%。中欧教授均有在海外留学和教学的经历，熟悉国际学术界的前沿理论及其商业应用，因而他们具有宽广的国际化视野。同时，中欧每个教授均花费大量时间和精力深耕中国案例，因而他们拥有对中国实践的深刻认知。中欧为这些具有“中国深度、全球广度”的教授们提供了发挥其才能的最佳舞台，而教授们回馈其才华帮助中欧实现“聚焦中国、贡献世界”的雄心。

遗憾的是，绝大多数中欧教授“养在深闺人未识”。这套中欧前沿观点丛书意在弥补这个缺憾，让这些“隐士教授”向大众读者露个脸，让不曾上过这些教授课程的读者领略一下他们的学识和风范，同时也让上过这些教授课程的读者重温一下曾经品尝过的思想佳肴。丛书编委会希望这套丛书能呈现四个特点。第一是有料，就是书中有足够多的满足读者胃口的知识点。第二是轻快，做到“内容轻学术，形式简篇幅”，让读者翻开书就被吸引，手不释卷能在较短的时间内读完第一遍。第三是回味，就是在读完第一遍后，还会有兴趣去读第二遍和第三遍，既要“轻学术”，又要“厚内涵”。第四是实操，就是书中的知识能够对现实中的相关决策有一定的指导意义。简而言之十个字：有料有回味，轻快能实操。这“十字诀”就是中欧前沿观点丛书的定位。

中欧前沿观点丛书首批6本将在2019年11月举行的中欧25周年庆典上亮相，之后该丛书将继续推出中欧教授的原创小书。经济学中有个著名的观点：小的是美好的。希望这套丛书会是中欧教授思想的美好呈现。我们会竭尽全力将这套丛书做成精品，同时我们愿意倾心听取读者的批评意见（电子邮箱：gdcs@ceibs.edu）。

本套丛书的成功出版要感谢中欧领导层的支持，感谢丛书顾问们的指导和丛书编委们的付出。同时也要感谢数字中欧和东方出版中心的通力合作。我们期待中欧前沿观点丛书能够吸引到一大批忠实的读者。愿这套丛书与读者常相伴，共成长！

中欧前沿观点丛书编委会

2019年8月于上海

前 言

改革开放40年，中国由一个世界上比较落后的国家之一变成了一个在发展中国家处于相对富裕的国家之一。

1978年时，中国的人均国内生产总值（Gross Domestic Product, GDP）按当年的官方汇率来计算，只有区区156美元，与几内亚比绍和布隆迪并列倒数第二，只有尼泊尔（113美元）比中国还穷[1]。那一年美国的人均GDP是10 587美元，日本是8 822美元，欧盟是6 009美元。那时候的中国不如印度（人均GDP 204美元），比撒哈拉以南的非洲国家（人均GDP 491美元）还穷很多，更是比不上拉美和加勒比地区的发展中国家（平均1 477美元）。所以说，1978年的中国是世界上相对落后的国家!

到2018年，中国的人均GDP达到64 644元人民币，折合9 769美元（按全年人民币平均汇率1美元兑换6.617 4元人民币换算）[2]。因为世界银行目前最新的数据只到2017年，我们

---

[1] 除另外说明，本书所用的数据均来自世界银行的世界发展指标数据库（World Development Indicators），用的是2019年1月30日发布的版本，该数据库可在世界银行的官网下载。

[2] 数据来自国家统计局《2018年国民经济和社会发展统计公报》，网址是http://www.stats.gov.cn/tjsj/zxfb/201902/t20190228_1651265.html。

就用2017年的人均GDP来作比较，美国人均GDP是59 532美元，中国是8 827美元。美国还不是最富的，比美国高的还有卢森堡（104 103美元）、瑞士（80 190美元）、挪威（70 505美元）和卡塔尔（63 249美元）等10个国家，与这些最发达的国家相比，中国仍然是相对落后的国家。

根据世界银行的分类标准，人均GDP超过12 235美元就是高收入国家，低于这个标准但达到3 956美元的就算是中上等收入国家，1 006美元至3 955美元之间的是中下等收入国家（如1 968美元的印度和2 342美元的越南），1 006美元以下的是低收入国家。现在还有28个国家人均GDP低于1 000美元，几乎都在非洲，最低的布隆迪和南苏丹人均GDP不到300美元。世界上高收入国家是少数，所以，与大多数中等收入和低收入国家相比，中国还是很富裕的。

中国经济这40年的巨大变化当然是来自高速的增长，人均GDP增长了25倍[1]，年均增长率达到8.54%，而同期全世界平均增长率只有1.45%，高收入国家平均是1.71%（其中美国1.70%，欧盟1.73%，日本1.88%）。中国的增长速度超过高收入国家并不奇怪，可以说是因为原来的基数低，即使到今天，

[1] 这里指的是去除通货膨胀（简称通胀）因素后的实际GDP的增长。

中国还只是一个中等收入国家。但是同样在这40年里，中等收入国家（包括中国）的人均GDP增长率也只有2.68%，其中拉美和加勒比地区国家平均是1.04%；低收入国家年均增长率是0.68%，撒哈拉以南非洲只有0.26%[1]。难以解释的不是为什么中国增长比发达国家快很多，而是为什么中国增长也远远超过其他发展中国家？这就是我在另一本书里所提出的“中国增长之谜”的问题[2]。

那么，中国究竟有什么特别之处或者说优势，能够成为过去40年全球经济增长最快的国家？回答这个问题至关重要，因为这不仅关系到我们对中国经济前景的判断，也关系到中国继续发展的政策选择，还关系到中国经验是否可以复制到其他发展中国家。当我在中欧国际工商学院让学员讨论这个问题时，无论是MBA或EMBA的学员，还是企业高管培训班的学员，无论是国内的学员，还是国外的学员，给出的答案都非常相似，诸如改革开放、全球化机遇、人口红利、强势政府、中国人勤劳聪明等。

---

[1] 经济学界普遍用人均GDP增长率而不是GDP增长率来衡量一个国家或地区的经济增长（两者的差异大体上等于人口增长率），原因是前者能更好地反映人民生活水平的提高。这里的人均GDP的年均增长率是将1978年到2017年这40年间每年的增长率做简单的算术平均得出来的。这些增长率数据自然已经剔除了通货膨胀因素。

[2] 朱天.中国增长之谜[M].北京：中信出版社，2016.

本书第1章将对上面这些答案一一加以分析，并指出为什么这些流行的答案并非中国特色之所在，也不能回答中国增长之谜的问题。第2章将从基本的经济增长理论出发，用全球比较的数据来说明中国在投资、教育和技术进步这三个经济增长的直接动因方面与其他发展中国家相比的特殊优势。第3章将分析是哪些根本的原因造就了中国在上述三个方面的相对优势，这些优势多大程度上是来自中国的体制和政策特征，多大程度上是来自中国的文化特征。

虽然纵观改革开放以来的40年，中国经济增长速度很快，但是近几年来，中国经济出现了下行，增长速度放缓。GDP增长率由2007年高峰的14.4%，降到2018年的6.6%，也就在这一年，美国特朗普政府挑起了与中国的贸易战。那么中国经济这些年下行的原因是什么？中国经济未来的增长前景如何？中美贸易摩擦将如何影响中国经济的发展？这三个问题的答案与中国40年高速增长的原因有什么关系吗？本书第4章将要回答这些问题。

当然，中国并非过去40年唯一实现高速增长的国家。在40年前与中国相似的低收入国家中，印度实现了年均4.16%的人均GDP增长速度。中国的另一个邻居越南在1987—2017年间，也实现了5.2%的人均GDP增长率。40年前属于中等收入国家、人均GDP低于拉美平均水平的韩国，则实现了年均5.4%的人均GDP增长，今天的收入水平已经赶上了欧洲。这三个国家的增长率虽然不如中国，但与类似收入的国家相比都是非常快的速度。所以，我们同样要问：为什么世界上绝大多数中等和低收入国家增长缓慢，而只有少数几个国家如中国、韩国和印度增长迅速？中国高速增长之谜问题的答案也应该能够帮助我们理解为什么韩国、印度和越南的人均GDP会比除中国以外的绝大多数国家增长更快。

目录

Contents

第❶章

关于中国式增长之流行观点

中国经济的增长速度比美国这样的发达国家快也许没有什么了不起，因为中国的起点或者说基数低很多。但起点或基数低不是中国的特色，发展中国家的基数可以说都很低，尤其是低收入的非洲国家，但其他国家的经济增长都不快。所以，很自然的问题就是：中国的高增长靠的是什么特别的优势、能力或者政策手段？我所教过的上千个中欧国际工商学院的学员给出的答案大体上有四类。这些答案也反映了民间和媒体上流行的观点。即使是经济界的专家，对这个问题的回答估计也不会超出这个范围，主要的差别在于专业人士更多的是从体制和政策的角度找答案。

第一类答案其实不能算是答案，包括全球化、城市化、基础设施建设，乃至房地产拉动等，这些要么说不上是中国的特别之处，要么是中国经济高速发展的表象或者结果，而不是本质原因。全球化顾名思义是全球所有国家都可以参与其中的经济和政治现象，并非中国所独享。中国的城市化虽然进展较快，但这是与经济增长同步的过程，而不构成因果关系。由于中国的户籍制度，相对于经济发展水平，我们的城市化程度（城镇人口占比）还是偏低的，很多发展中国家的城市化程度都超过中国。我们的基础设施建设水平在所有发展中国家中确实名列前茅，房地产市场也发展迅猛，但这些与城市化一样，都是经济增长的表现形式，而不是经济增长的原因。毕竟所有的国家都可以搞城市化、搞房地产开发、搞基础建设，问题是为什么别的发展中国家在这些方面都没有中国做得好？

第二类答案与人口有关：中国人口多，市场大，尤其是廉价劳动力多，有人口红利。人多确实是中国的一个重要特点，随着中国人均收入的提高，中国的市场也越来越大。但人口数量与一个国家的贫富程度没有什么必然的关系，世界上最富的10个国家都是小国，世界上最穷的国家里大多数也是小国。同样的，无论是人口总量还是其增长速度都与一个国家的经济增长（即人均GDP增长）之间没有简单的、必然的关系[1]。不管是人口大国还是小国都有增长快的，也都有增长慢的。我们在图1-1中用世界各国1977—2017年这40年的人均GDP平均年增长率及1977年时的人口数量做了一个所谓的“散点图”，其中每一个点代表一个国家

[1] Allen C. Kelley and Robert M. Schmidt. Aggregate Population and Economic Growth Correlations: The Role of the Components of Demographic Change [J]. Demography, 1995, 32(4): 543–555.

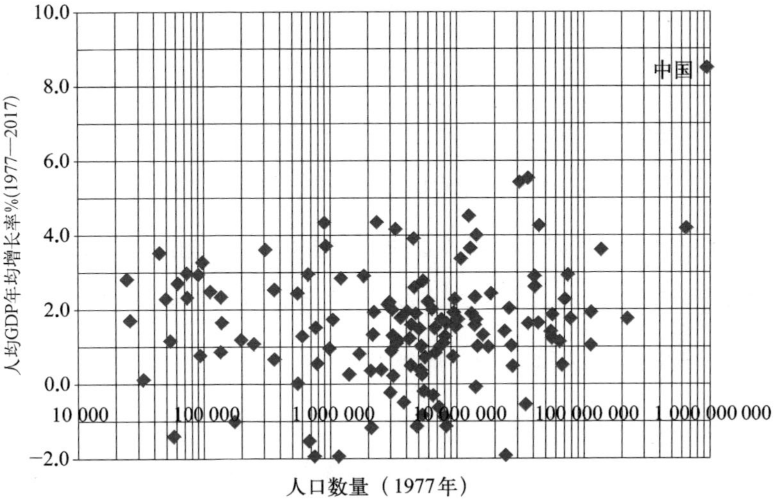

图1-1　各国1977—2017年间经济增长与人口的关系

注：除非特别说明，本书图表都是作者根据世界银行的世界发展指标数据库（2019年1月版本）中的数据制作的。本图横轴用的是所谓对数刻度：10 000～100 000之间每一格代表10 000人，100 000～1 000 000之间每一格代表100 000人，依次类推。

或地区（有相关数据的国家或地区共132个），纵轴是经济增长率，横轴是人口数量，可以看出，这两者之间没有什么相关性。

至于廉价劳动力多，这包含两个层面，一个是劳动力多，这是人口多的自然结果，并不会因此带来人均GDP的增长；另一个是劳动力廉价，这与前面说的人均收入基数低也是同一回事，收入低的国家劳动力较为廉价，但绝大多数国家经济增长都不快。最后，“人口红利”是个非常专业的术语，当我问中欧的学员们什么叫人口红利时，几乎没有人能正确地回答出来。人口红利其实指的是劳动力增长的速度超过人口增长速度所导致的人均GDP的增长。我在《中国增长之谜》一书中专门讨论了这个问题，这里就不赘述。基本的结论就是，人口红利并非只属于中国特色，而是除撒哈拉以南非洲以外的发展中国家都有的特征，而且它只能解释中国增长之谜很少的一部分。

第三类答案与中国的体制和政策相关，包括改革开放、吸引外资、出口导向，也包括政治稳定、强势政府、高效决策、集中力量办大事等。这一类答案也是最普遍的观点。一说起中国的高速增长及其带来的巨变，几乎所有人都会将改革开放作为最重要的原因。确实，没有40年前开始的改革开放，就不会有中国经济的腾飞。但是我们的问题不是为什么过去40年中国经济增长比改革开放之前更快，也不是为什么比没有怎么改革开放的朝鲜或者古巴更快，而是为什么比所有的国家（包括一些改革开放力度更大的国家）都快。

改革开放是中国经济高速增长的必要前提，也是中国的优势所在。事实上，经过了40年的改革开放，中国经济的市场化程度高于很多发展中国家，甚至超过某些发达国家。国际上有名的两家智库——美国的传统基金会（Heritage Foundation）和加拿大的菲沙学会（Fraser Institute）——每年对世界各国的经济自由度进行打分排名。世界银行每年也试图用一些客观的指标（如项目审批手续繁杂程度、所费时间和金钱等）来衡量各国的营商环境。表1-1列出了一些国家或地区的经济自由度和营商环境在2017年的世界排名情况。可以看出，中国香港地区和新加坡无论是经济自由度还是营商环境，都是名列前茅；朝鲜和委内瑞拉垫底也很好理解。中国（大陆）在经济自由度上的排名与非洲加纳处于类似水平。中国的营商环境也只是处于中等偏上水平，低于北非的摩洛哥和拉美的哥伦比亚。印度在这些指标上的排名甚至更加靠后，但印度恰恰是过去二三十年里经济增长最快的国家之一。所以，光靠市场化的改革，并不能保证一个发展中国家会像中国甚至印度那样高速增长。改革开放最多只是经济较快发展的必要条件，却非充分条件。

表1-1　市场化程度的全球比较

国家或地区	美国传统基金会2017年经济自由指数全球排名（共180个国家和地区）	加拿大菲沙学会2017年经济自由度排名（共159个国家和地区）	世界银行2017年营商环境排名（共190个国家和地区）
中国香港	1	1	4
新加坡	2	2	2
瑞　士	4	4	31
美　国	17	12	8
毛里求斯	21	7	49
韩　国	23	33	5
哥伦比亚	37	113	53
牙买加	41	58	67
菲律宾	58	40	99
摩洛哥	91	120	68
柬埔寨	94	64	131
中国（大陆）	111	112	78
加　纳	118	103	108
民主刚果	117	147	184
印　度	143	96	130
委内瑞拉	179	159	187
朝　鲜	180		

注：经济自由度数据来自http://www.heritage.org和http://www.fraserinstitute.org两个网站，这两家机构的指数构成非常接近，包括法治和产权、政府大小、监管效率、市场开放程度和宏观稳定性。世界银行的营商环境指数（Doing Business Index）来自网站http://www.doingbusiness.org/rankings。

还有一个说法是中国的改革开放吸引了大量的外资，尤其是港澳台地区和海外华侨的投资，促进了中国大陆的经济发展。中国从吸引外商直接投资FDI（foreign direct investment，包括港澳台资）的总量上看确实是很高的，但占整个GDP的比例并不是特别高。在1982—2012年中国经济增长最快的年间，中国的FDI占GDP的比率年均是3%，在177个有完整数据的国家或地区中，只排到第70位，不足以让中国成为世界经济增长最快的国家。从表1–2可以看出，这个比率显著低于西亚的阿塞拜疆、拉美和加勒比地区的多米尼加和哥斯达黎加、亚洲的柬埔寨和越南、非洲的刚果和莫桑比克。另外，印度的FDI占比很低，但仍然实现了较快的增长；与此相比，牙买加的FDI占比并不低，但经济增长率却不到1%。所以，外商直接投资与经济增长的关系并不如大家想象的那么明显。

表1–2　外商直接投资占GDP的百分比

国　家	1982—2012年平均	1982—1997年平均	1998—2012年平均	1982—2012年人均GDP年增长率
阿塞拜疆	19.7	19.6	19.8	3.9
新加坡	13.5	10.1	16.9	4.2
格林纳达	7.9	4.7	11.0	2.7
多米尼加	6.4	6.4	6.3	2.8

（续表）

国　家	1982—2012年平均	1982—1997年平均	1998—2012年平均	1982—2012年人均GDP年增长率
柬埔寨	5.9	4.7	7.1	3.5
刚果共和国	5.3	2.4	8.2	0.4
莫桑比克	5.0	0.7	9.2	3.0
越　南	4.9	4.4	5.4	4.9
哥斯达黎加	4.1	2.3	5.8	2.0
牙买加	3.3	1.4	5.1	0.8
英　国	3.3	1.7	4.9	2.0
中　国	**3.0**	**2.2**	**3.7**	**9.1**
秘　鲁	2.7	1.6	3.9	1.4
加　纳	2.7	0.8	4.5	2.1
泰　国	2.5	1.4	3.5	4.4
墨西哥	2.0	1.4	2.6	0.5
全世界	1.9	0.8	3.0	1.5
美　国	1.3	0.7	1.9	1.7
印　度	0.8	0.2	1.5	4.3
日　本	0.1	0.0	0.2	1.7

另外一个与吸引外资相关的说法是，中国在改革开放后学习“亚洲四小龙”，采取了正确的以出口为导向的发展战略，形成了一个出口拉动经济的增长模式。我们在下一章将会从经济理论上说明出口本身并不是长期经济增长的动力。如

果一个国家只要采取出口导向的战略就能实现经济腾飞，那现在世界上就不会还有这么多经济落后又增长缓慢的国家了。虽然中国出口的总量已经排到世界第一位，但这并不说明中国经济对出口的依赖度也是最高的。因为中国经济的体量已经很大，出口的绝对量大并不奇怪。事实上，如果用出口总额占GDP的比重来衡量一个国家经济对出口的依赖程度，中国并没有什么特别之处，略低于世界平均水平，与发展中大国印度和土耳其相当。中国出口的增长速度过去40年确实是世界上最快的，但那是因为中国的GDP增长速度是世界上最快的。出口的快速增长应该看成是经济增长的结果而不是原因。

中国的市场化程度居于全世界中等水平，会不会是过度的自由和市场化不利于经济发展，而中国政府对经济的强有力的介入才是我们比别的国家增长更快的原因呢？会不会是因为中国政府比较强势，能够有效维持政治和社会稳定，决策效率更高，制定的政策能够更有效地得到执行，国家能够集中力量办大事？这个推理不只是在中国学员中很普遍，在外国学员中——无论他们是来自欧美发达国家还是亚非拉发展中国家——也很普遍。那么问题就在于，与其他国家相比，中国的政治稳定程度是否更高？政府对经济的管理是否更有效？有没有证据支持上面的推理？我们不能拿经济增长的结果来倒推政府管理经济的能力和效率，而必须直接去度量它。

世界银行自1996年以来每年发布一个衡量各国政府管理水平的指标和排名，名为“世界管治指标”（Worldwide Governance Indicators），该指标体系包含了政治稳定性和政府有效性两个指标。我根据世界银行的数据，计算出1996—2016年间全球214个国家和地区在这两个指标上的20年平均值，然后作一个排名，表1–3给出了部分国家或地区的排名和同期的人均GDP年均增长率。在政治稳定性这个指标上，中国排在第151位，低于朝鲜和柬埔寨。这与我们的直觉印象很不一致。但是这个排名其实不仅说明了中国政治很稳定，也说明世界上绝大多数国家的政治是很稳定的。美国的政治显然是很稳定的，但也只排到第83位。政治稳定是经济发展的重要原因之一，但相对比其他国家，不是中国的比较优势。中国的政府有效性排到第92位，在全球属于中等偏上水平。虽然与我们的经济发展水平相当，但低于毛里求斯和牙买加这样的发展中国家，所以不能证明政府有效性是中国经济增长更快的根本原因。

表1–3 政治稳定性与政府有效性的国际比较

国家或地区	"政治稳定性指标"1996—2016年平均值全球排名	"政府有效性指标"1996—2016年平均值全球排名	1996—2016年人均GDP年均增长率
瑞士	7	4	1.05
新加坡	19	1	3.03
毛里求斯	50	54	3.88
美国	83	19	1.46
韩国	92	42	3.68
牙买加	121	86	−0.14
朝鲜	128	210	—
坦桑尼亚	142	137	3.08
柬埔寨	148	174	5.66
中国	**151**	**92**	**8.58**
委内瑞拉	184	182	0.68
乌干达	185	135	2.97
印度	188	97	5.38
菲律宾	194	96	2.93
哥伦比亚	202	103	2.09
民主刚果	210	209	0.17

也许会有读者说，中国虽然在前面所说的各项指标中都不突出，但经济增长是多种因素综合作用的结果，也许将这些指标综合起来看，中国可能还是不错的。但是我要请读者朋友注

意牙买加这个国家，在前面提到的所有指标中除了人口数量远远小于中国以外，在其他各项指标上牙买加都远远高于中国，但是这个国家40年来的经济增长率小于1%，过去20年的增长率平均下来甚至是负的。所以，政治体制和经济政策对一个国家的经济增长虽然至关重要，但并非中国的比较优势所在。不管哪个发展中国家，光靠体制和政策——无论是市场导向还是政府主导——还不足以让其实现经济腾飞。

第四类关于为何中国经济增长最快的答案与中国人的素质和传统文化有关系，包括中国人勤劳聪明、重视教育、储蓄率高等。中国人喜欢说自己是个勤劳的民族，但我还没有看到足够的科学证据说明中国人比其他国家的人更勤劳。不过就算中国人更勤劳，也不能解释为什么中国经济增长会更快。在其他条件相似的情况下，一个勤劳的民族比不那么勤劳的民族的经济发展水平可能会更高一些，但是增长速度不一定更快。也就是说，勤劳本身并不会带来经济增长。同样的，也没有足够的证据证明中国人比别的民族更加聪明。中国人在国际考试中的成绩确实很高，但成绩好可能不是因为更聪明，而是因为学习时间更长，对考试更加重视等。

中国人特别重视教育这一点似乎没有太大的争议，但重视教育不等于教育质量高。事实上，中国人普遍对国内的教育没有信心，认为是应试式的、死记硬背式的教育，让学生花很多时间刷题，可能扼杀了学生的创造力。所以，现在有经济实力的中国家长大多数会送孩子去欧美留学，问题只是在什么阶段——小学、中学、大学本科还是研究生——去留学。

最后，中国的储蓄率确实处于世界最高水平，但储蓄率高就意味着消费率低。中国不是希望从过去靠投资出口拉动型的经济增长模式转换到消费拉动型的增长模式吗？高储蓄怎么会成为经济增长的动力呢？在下一章我们就要回答教育和储蓄是如何成为经济增长动力的问题。

第2章

中国式增长之直接动因及其特征

为了理解中国经济增长的动力究竟来自哪里，我们需要讲一点基本的经济理论。首先，我们必须区分中长期的经济增长与短期的经济波动这两个概念。在经济学里，经济增长一般指的是一个国家或地区各类产品和服务的供给能力及产出水平的持续增加[1]，是一个中长期的概念，通常用某个时期的人均GDP的平均年增长率来衡量。它不同于某一年或某一个季度的GDP增长率，后者是个短期的概念。这样定义的经济增长自然就是一个生产–供给的问题——即生产能力持续增加的问题——而不是需求问题。与经济增长不同，经济波动指的是短期（年度或季度）的GDP增长率围绕着长期增长率的上升和下降。简而言之，保持长期经济增长是一个如何不断提高生产能力的问题，而实现短期增长率目标是一个如何让生产能力充分利用的问题。

除了上述区分之外，经济学家还区分经济增长的直接动因（proximate causes）和根本动因（fundamental causes）。持续的经济增长其实是人类社会最近两三百年的现象。按今天的

[1] Simon Kuznets. Modern Economic Growth: Findings and Reflections [J]. American Economic Review, 1973, 63(3): 247–258.

标准来看，工业革命前所有国家的经济增长速度都极慢，人均收入水平几百年里都不会有多大变化，所以年均增长率接近于零。经济增长理论就是要回答近代的经济增长是如何可行的，也就是要回答：为什么一个国家今年的产出会比去年多，明年的产出又会比今年多？根据通用的经济增长教科书[1]，一个国家或地区经济增长（即人均GDP的增长）的直接动因只有三个：一个是物质资本（如机器、设备和建筑物）的积累，也就是投资；第二个是人力资本的积累，也就是教育和培训；第三个是技术进步。18世纪中叶工业革命开始后，人类社会才出现了持续的经济增长和生活水平的提高，直接原因自然就是来自物质资本和人力资本的积累以及技术进步。那么为什么工业革命发生在两百多年前而不是更早呢？为什么工业革命最早产生于英国而不是别的国家呢？这两个问题问的都是经济增长的根本原因，即那些更深层次的影响物质资本和人力资本积累以及技术进步速度的原因，通常包括制度和文化因素。关于工业革命的起源问题，并没有公认的答案，也不是本书要回答的问题。本书关心的问题是，在西方国家已经实现了工业化以后，为什么中国（以及几个东亚国家和地区）能够在短短的几

[1] Robert J. Barro and Xavier Sala-i-Martin. Economic Growth (2nd Edition)[M]. Massachusetts: MIT Press, 2003.

十年里成功实现工业化，而大多数发展中国家却没有。

不管一个经济体增长的根本动因是什么，这些动因都必须通过投资、教育和技术进步这三个渠道（即经济增长的直接动因）来实现生产能力和产出水平的增长。我们将在下一章分析中国40年经济高速增长的根本动因，本章只分析三个直接动因。只有在理解了中国式增长的直接动因之后，我们才更容易理解中国式增长的根本动因。

区分经济增长与经济波动

区分经济增长和经济波动这两个概念非常重要，因为影响中长期经济增长（涉及生产能力的扩张）的因素和影响短期经济波动（涉及现有生产能力的利用率）的因素是不同的，分析这两个问题的经济学理论框架也是不一样的。很多对中国经济的误读都是因为混淆了这两个不同的概念范畴。

经济学家分析经济增长最常用的模型是“索洛模型”（Solow Growth Model），这个模型只关注生产供给层面，而不关心宏观需求层面。这不是说需求不重要，而是说宏观需求在长期增长的分析中不重要。长期来看，在一个市场经济里，供给会创造自己的需求，这是所谓的“萨伊定律”（Say’s Law）。

但是在短期里，总需求完全可能偏离总供给，从而造成经济增长率的波动，经济学家分析短期经济波动最常用的模型就是“凯恩斯模型”(Keynesian Model)。

如前所述，影响经济增长的直接动因只有三个，即投资、教育和技术进步，这才是经济增长真正的“三驾马车”，而不是媒体上常常讲的消费、投资和出口。后面的这“三驾马车”是总需求的三个组成部分，根据凯恩斯主义的经济理论，它们会影响短期（即某一年或某个季度）的GDP增长率。但除了投资，另外两个因素（消费和出口）都不会影响一个国家的长期经济增长。只有投资既是短期的需求，又是长期的生产能力的增加。

为什么消费和出口不是长期经济增长的动因呢？为了回答这个问题，表2-1给出了一些国家在1997—2017年间的消费、投资和出口占GDP的比率以及相应的人均GDP增长率的年平均值。我们先看消费，约旦和津巴布韦的消费竟然超过了其GDP，但1997—2017年间人均GDP平均增长率是0.99% 和 -1.02%！牙买加、肯尼亚和希腊的消费都接近或超过GDP的90%，人均GDP增长率也同样很低。如果消费可以成为经济增长的动力，那么这些国家的经济增长应该很快，但事实恰恰相反。中国、韩国和印度的消费率最低，经济增长速度反而是最快的。我们再来看出口，约旦、津巴布韦和牙买加的出口占GDP的比率都不低，全都超过中国，经济却基本上不增长或者负增长；而出口占比很低的印度经济增长倒是很快。所以说，消费和出口本身绝对不是长期经济增长的动力。那么，在这张表格里经济增长快的中国、韩国和印度有什么特征呢？我们看一下投资占GDP比率这一列数据就会发现，三个国家的投资率是表格中所列国家里最高的，印证了投资——而不是消费或出口——才是经济增长的动因这个道理。

表2-1 消费、投资、出口与经济增长（%）：1997—2017年

国家	消费占GDP比率	投资占GDP比率	出口占GDP比率	人均GDP年增长率
约旦	100.67	25.31	46.28	0.99
津巴布韦	100.65	10.34	30.94	−1.02
牙买加	93.20	23.66	35.23	−0.05
肯尼亚	93.11	18.64	21.26	1.43
希腊	87.50	19.98	23.78	0.66
美国	82.43	21.17	11.34	1.41
墨西哥	77.75	22.64	28.70	1.13
土耳其	76.71	26.25	22.43	3.29
印度	70.39	33.94	18.69	5.38
韩国	65.25	31.34	41.88	3.49
中国	54.54	42.01	25.10	8.46

下面我们就从分析经济增长真正的“三驾马车”——投资、教育和技术进步入手，来探讨中国40年高速增长的直接动因；并通过全球比较的方法，来寻找中国经济有别于其他国家的重要特征。

投资与储蓄

按照国际通行的国民经济核算的一个统计方法（“支出法”），国内生产总值（GDP）可以分解成消费（统计上称为“最终消费”，包括居民消费和政府消费）、投资（统计上称为“资本形成”，包括固定资产投资和存货的变化）及净出口（出口减进口）三个部分。这样分解的道理也很简单：GDP是指一个国家或地区生产出来的所有的最终产品和服务（不包括生产过程中使用的中间产品和服务）的市场价值的总和，这些产品和服务要么用于国内消费，要么用于国内投资，还有剩下的自然就出口给外国了。有读者可能会问，没有卖掉的产品算什么呢？在国民经济核算的时候，没有卖掉的产品叫存货，今年比去年多出来的存货的价值在统计上算成是“投资”，这部分占GDP的比重很小，而且变化不大。净出口在国民经济统计上即一个国家的贸易顺差；如果净出口为负值，那就是贸易逆差，也称为贸易赤字。货物层面的贸易顺差在资金层面就意味着有资金净流出（即“借钱”给国外），贸易逆差就意味着有资金净流入（即从国外“借钱”）。

为了便于读者参考，下面列出本章涉及的一些宏观经济统计量之间的关系，这些关系都是根据联合国确定的国民经济核算方法得出的恒等式。

GDP = 国内消费 + 国内投资 + 净出口；
净出口 = 出口 − 进口；
国内总储蓄 = GDP − 国内消费 = 国内投资 + 净出口；
净出口 = 出口 − 进口 = 贸易顺差 = 国内总储蓄 − 国内投资

虽然在统计上GDP可以分成消费、投资和净出口三大块，但GDP的中文全称是国内生产总值，顾名思义是生产出来的，不是消费出来的。要增加产出，就要扩大生产能力，自然就需要投资。从经济增长理论来看，是投资而不是消费才是发展中国家不断提高人均产出从而向发达国家靠拢的一个主要动力，而人均产出的增长才是人均消费水平得以不断提高的前提。表2-2列出了1997—2017年间一些国家和地区的消费、储蓄、投资和净出口占GDP的比率以及人均GDP和人均消费增长率的年平均值。

表2–2　消费、储蓄、投资与净出口的国际比较（%）：1997—2017年

国家或地区	消费率	储蓄率（=100–消费率）	投资率	净出口率（=贸易顺差率）	人均GDP增长率	人均消费增长率
新加坡	49.3	50.7	27.8	22.9	3.05	2.50
中 国	54.5	45.5	42.0	3.5	8.46	8.22
瑞 士	67.3	32.7	24.1	8.6	1.04	0.71
印 度	70.4	29.6	33.9	−4.3	5.38	5.12
全世界	74.6	25.4	24.4	0.9	1.66	1.49
欧 盟	77.3	22.7	21.2	1.5	1.50	1.35
拉美和加勒比地区	79.5	20.5	20.4	0.2	1.35	1.62
美 国	82.4	17.6	21.2	−3.6	1.41	1.56
希 腊	87.5	12.5	20.0	−7.5	0.66	0.70
低收入国家	89.6	10.4	20.9	−10.5	1.78	—

注：净出口（即贸易顺差）率是用储蓄率减去投资率计算得出的结果，与世界银行公布的数字不完全一致。因为统计误差，世界银行的净出口数据与本表计算出的理论值有时有出入，尤其是低收入国家和印度，分别有GDP的1.7%和1.4%的误差。最后一列的人均消费增长率是用最终消费增长率减去人口增长率计算出来的。

从表2–2可以看到，中国的消费率大大低于世界平均水平，而投资率则大大高于世界平均水平 。中国的国内消费支出（居民消费加上政府消费）占GDP的比率是54.5%，没有消费掉的GDP就是国内总储蓄（gross domestic savings），所以中国的国内总储蓄率达到GDP的45.5%。这些储蓄绝大部分被用于国内的固定资产投资（其中包括一小部分存货的增加），占GDP的42%，剩下3.5%的GDP借给了国外，这一部分就是中国的净出口（出口减去进口），也是中国的贸易顺差[1]。很显然，中国是全球投资率最高的国家，也就是说，中国有世界上最有力的一驾经济增长的马车。表中数据也再次表明，消费率（即消费占GDP的比率）高并不会带来经济增长，而是投资率高的中国和印度经济增长最快。

既然投资才是经济增长的引擎，那么为什么其他国家不都像中国一样多投资一点呢？我们知道投资必须要有资金来

[1] 根据作者与复旦大学张军教授的共同研究，由于统计方法的缺陷，中国的消费率有可能被低估了10个百分点左右，投资率也就相应地被高估了约10个百分点。也就是说，中国的消费率没有官方统计显示的那么低，投资率也没有官方数字显示的那么高。但即使考虑到这个因素，与其他国家相比，“中国的消费率处于世界最低水平、投资率处于世界最高水平”的结论仍然是成立的。所以，本书后面关于中国的消费、储蓄和投资的数据仍然采用官方的统计结果，但不会因此影响本书的结论。朱天.中国增长之谜[M].北京：中信出版社，2016.朱天，张军.中国的消费率被低估了多少[J].经济学报，2014，1（2）：42–67.朱天，张军，刘芳.中国的投资数据有多准确[J].经济学季刊，2017，16（3）：1119–1218.

源，而资金来源无非是两个：要么来自国内储蓄，要么来自外资——不管是借贷还是外商直接投资。一个小国家通过外债、外资补充国内储蓄不足或许还有可能。但是像中国、印度这样的发展中大国，投资来源基本上只能靠国内储蓄。其实，即使是小国家也不可能长期依赖外债和外商直接投资来发展经济，因为外债多了迟早会出现债务危机，而外资也有可能由于各种原因撤离，导致经济和社会动荡。所以，一个国家长期可持续的经济发展还是必须主要依靠国内储蓄。幸运的是，中国的储蓄率足够高，使得我们能够维持过去40年平均投资率全球第一。虽然中国也吸引了一些外资，但同时又有资金流出。自1994年以来，中国的储蓄率高于投资率，所以总体上是资金净流出而不是净流入。

在全球范围内，过去20年里，消费平均占GDP的比重是74.6%，相应的储蓄率就是25.4%。美国的消费率高达82.4%，储蓄率只有17.6%。欧盟的平均消费率是77.3%，储蓄率22.7%，高于美国。新加坡的消费率只有49.3%，比中国还低，储蓄率高达50.7%，一半的收入都储蓄下来了。另一方面，新加坡的投资率则比中国要低得多，只有GDP的27.8%，所以每年多出22.9%的GDP用不完，这就是新加坡的净出口，也是他们的贸易顺差。新加坡为什么国内投资不再多一点呢？经济增长不就会更快吗？原因其实很简单。作为发达国家，新加坡可以投资的领域和机会已经不多，太高的国内投资会导致收益下降，所以需要到国外找投资回报更高的机会。其实新加坡27.8%的投资率已经是发达国家里最高的了，GDP增长率也是发达国家里最高的一个。

另外一个消费低、储蓄高的发达国家是瑞士，消费67.3%的GDP，剩下的32.7%的储蓄率远高于欧洲平均水平，但瑞士是全球最发达、收入最高的国家之一（人均GDP超过8万美元），所以投资机会也不是很多，结果每年有8.6%的GDP花不完，成为贸易顺差，借给了外国人花，即投资到了海外。

我们看到储蓄率高的中国、新加坡和瑞士都有较多的贸易顺差，因为这三个国家的国内总储蓄都大于国内投资。从全球范围来看，总出口应该等于总进口，所以全世界的净出口之和应该为零（但在表2–2中，全世界的净出口占全球GDP的0.9%，这是统计误差造成的）；有贸易顺差（即出口大于进口）的国家，必然就有贸易逆差（即进口大于出口）的国家。与发达国家相比，发展中国家收入低，储蓄能力也差，但投资需求却很高，所以，通常应该会有贸易逆差，即需要吸引外资来发展经济。确实，贸易逆差占GDP比率最高的是低收入国家（即人均GDP低于1 000美元以下的国家），因为这些国家的消费率平均达到89.6%，储蓄率只有10.4%，但投资率却有20.9%，所以，两者之间的缺口——贸易逆差达到GDP的10%以上。印度虽然储蓄率不低，但作为经济发展很快的国家，投资需求旺盛，国内储蓄还是不够，需要靠吸引一些外资来发展经济，因此仍然有不少的贸易逆差（占GDP的4.3%）。所以贸易逆差对逆差国不是坏事，恰恰是在这些国家自身储蓄不够的情况下支持了他们的经济发展。但中国是发展中国家中的例外，过去30年基本上年年有贸易顺差，原因就是中国的储蓄率高于国内投资率。中国不仅不需要依靠外资发展经济，而且本国的储蓄在国内投资不完，还有资金剩下来借给国外用。

按理说，发达国家收入高，储蓄能力应该超过发展中国家，同时投资需求相对也更少，所以应该有贸易顺差，即有钱借给发展中国家。新加坡就是这样的例子。但是，我们从表2–2中看到，世界上最大的发达国家美国恰恰与预期相反，每年平均有3.6%的GDP的贸易逆差。根本原因并不是如特朗普总统所说的中国和其他一些国家采取的不平等贸易措施，而是美国的储蓄率小于投资率，其17.6%的储蓄率是远低于世界平均水平的，也低于欧盟的平均水平，但是其投资率却并不低，与欧盟相同。结果就是欧盟有贸易顺差，美国有贸易逆差。这就意味着，美国需要相当多的外国资金（约占GDP的3.6%）来维持其很高的消费率和正常的经济增长所需要的投资。近年来，美国的贸易逆差中有将近一半来自和中国的贸易，但这也就意味着，美国的外资净流入有将近一半来自中国。结果就出现了一个比较奇怪的现象：世界上最大的发展中国家成了世界上最大的发达国家的债权国。

欧盟虽然总体有贸易顺差，储蓄大于投资，但也不是每个国家都有贸易顺差，有一些国家有贸易逆差，最多的就是希腊。过去20年里，希腊的储蓄率平均只有12.5%，但投资率却有20%，接近欧盟平均水平，所以，每年贸易赤字达到GDP的7.5%。这种长期的贸易赤字，一定伴随着国际债务的不断积累。因此，2008年全球金融危机后不久，希腊就出现了债务危机，无力偿还巨额债务。因为不容易借到外债了，希腊的贸易赤字占GDP的比率自2008年以来是不断下降的，从2008年的12.6%，降到2017年的1.1%，基本实现了贸易平衡。但这个贸易平衡是被迫的，并不会带来经济的复苏，恰恰相反，金融危机发生后，希腊的消费率并没有下降，仍然维持在90%左右，也就是说国内储蓄率也还是在10%左右。因为没有了外资来源，国内投资率由2008年的24.5%降到2018年的11.7%，自然导致经济大衰退，10年来的人均GDP增长率平均

是 −2.6%！

那么，为什么各个国家的储蓄率有那么大的差异呢？为什么有些国家储蓄率高，有些国家储蓄率低呢？图2−1给出了1977—2017年间一些国家和地区储蓄率的变化。可以看到，新加坡、中国和瑞士的储蓄率很高，远超世界平均水平。低收入国家的储蓄率一直都是很低的，因为这些国家太穷了，储蓄率低似乎很好理解。但是中国在改革开放初期是世界上比较落后的国家之一，而当时中国的国内总储蓄率就已经超过30%，在世界平均水平以上。需要指出的是，本章所说的

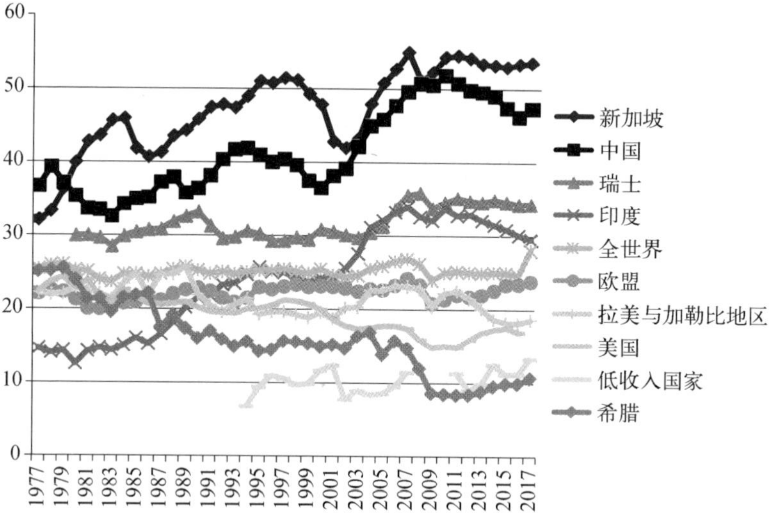

图2−1　储蓄率（国内总储蓄占GDP的百分比）的国际比较：1977—2017年

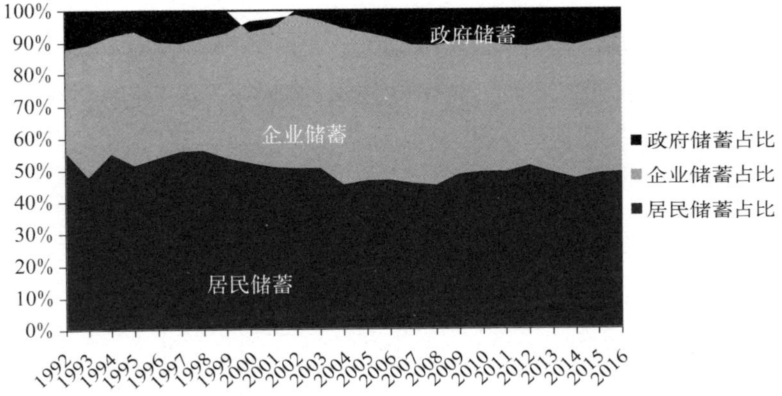

图2–2 中国国内总储蓄的构成：1992—2016年

注：本图是作者根据国家统计局公布的历年资金流量表的数据所作。

国内总储蓄不只是家庭的储蓄，还包括企业的储蓄和政府的储蓄。如图2–2所示，中国的总储蓄中大约一半是来自居民储蓄。

表2–3列出了中国城镇居民从1985年到2012年的储蓄率。可以看出，即使在收入极低的1985年，居民储蓄平均仍占收入的10%。另外，即使是收入最低的10%的家庭，在2012年仍然有20.7%的储蓄率，普通家庭的储蓄率超过35%。那么中国的储蓄率究竟为什么那么高？这个问题我们留到下一章来回答，但结论主要是文化差异。

表2-3 中国城镇居民储蓄率

城镇居民储蓄率（%）	1985	1990	1995	2000	2005	2010	2011	2012
最低收入户（最低10%）	5.6	9.0	5.4	5.2	7.9	18.4	17.7	20.7
低收入户（最低20%）	8.0	10.8	9.4	10.5	17.4	28.2	27.6	30.0
中等偏下户（次低20%）	9.4	13.3	12.8	15.1	22.3	30.9	31.5	33.2
中等收入户（中间20%）	10.1	14.4	15.4	19.2	26.1	33.4	34.6	35.9
中等偏上户（次高20%）	11.2	17.1	18.4	21.7	30.8	36.7	37.5	39.5
高收入户（最高20%）	12.3	18.7	22.7	25.1	35.2	38.7	39.0	40.7
最高收入户（最高10%）	16.0	23.8	26.7	30.9	38.7	43.7	45.4	46.1

注：本表是作者根据国家统计局的数据，按照储蓄率=（城镇居民可支配收入−消费支出）/可支配收入的公式计算出来的。本表所使用的收入与消费支出数据是从CEIC数据库下载来的，该数据库没有2012年后按收入组别划分的消费支出数据，原因是国家统计局未公布2012年后的数据。

总结起来，中国经济增长的第一个重要特征就是有全球领先的投资率，而投资能够多年保持高位的原因就在于中国是除了新加坡和卡塔尔等几个石油输出国以外全世界储蓄率最高、消费率最低的国家。过去的这些年里，我们常常听到一个说法甚至是口号，要把中国靠投资和出口拉动的增长模式转变为以内需，尤其是消费拉动的增长模式。其实，无论从经济理论上看，还是从数据和事实上看，消费拉动的经济增长模式作用不明显。如果消费就能拉动经济增长，那么过去20年经济增长最快的国家应该是希腊以及像津巴布韦这样的低收入国家，而不是中国和印度。所以说，低消费、高储蓄、高投资恰恰是中国与其他发展中国家相比的最大的优势之一，而不是我们的弱势！投资拉动增长理所当然，何错之有呢?

确实，随着中国经济体量的不断上升，出口占GDP的比重会下降，中国的企业将会更加依赖于国内市场的需求来实现增长，但是国内市场的需求既包括消费品也包括投资品，内需不只是消费，当前中国内需的百分之四十几是投资。随着中国经济的进一步发展升级，投资的占比会下降，消费的占比自然会上升，但这不是说未来的GDP增长将更多地靠消费拉动，而只是说未来的GDP将更多地被用来消费。

事实上，虽然中国的消费率很低，但中国消费的增长率却是最高的！换句话说，虽然中国人每年的消费支出占收入的比率不高，但每年消费支出的增长速度却是全世界最快的。在

表2–2的国家和地区中，消费率最高的希腊，消费的增长率反而是最低的，而消费率低的中国和印度，消费的增长率却是最高的。这个道理其实很简单，一个国家的消费率低就意味着储蓄率高，也就意味着有更多的钱用于投资，资本积累速度就越快，自然GDP和收入的增长速度也就更快，可以用于消费的支出也就增长越快。所以说，消费增长是经济增长的结果，而不是经济增长的原因。

过去20年里，中国的消费增长率略低于GDP增长率，这说明消费占GDP的比重是略有下降的。但我预计在今后的20年里，这个情况会反转过来，即消费的增长率会大于GDP的增长率。这不是因为消费将成为今后经济增长的引擎，而是随着中国经济逐渐进入高收入阶段，国内投资的需要和收益都会下降，因此投资率必然会下降。这种情况下，如果储蓄率不下降，那么中国的贸易顺差占GDP的比率就必须上升，容易引起国际政治问题。中国与新加坡和瑞士不同，他们是小国家，贸易顺差率再高对世界经济和政治都不会有多少影响。但中国将是世界上最大的经济体，很高的贸易顺差率就意味着巨大的资本输出，中国就会成为世界上最大的债主，就会拥有越来越多的国外资产，这将给对现存的国际政治和经济秩序带来巨大的挑战。不过我相信，随着中国经济进一步的发展，投资需求的下降起码会导致占国内总储蓄一半左右的政府和企业的储蓄的比率下降，这样即使居民储蓄率不变，总的储蓄率也会下降，消费率就会相应地上升。这就意味着消费的增长速度将会超过GDP的增长速度。

教育的数量与质量

人力资本的积累，即教育，是经济增长的第二驾马车。图2–3在很大程度上解释了为什么是中国而不是别的发展中国家实现了过去40年最快的经济增长。从图中可以看出，一个国家的经济发展程度（人均GDP水平）与人民受教育程度（人均受教育水平）是高度相关的。不过这张图不能告诉我们两者之间的因果关系，理论上两者是互为因果的，即教育水平的提高会促进经济的发展，而经济发展又反过来为提高教育水平创造了条件。但图2–3中有两个点（代表两个国家）是非常异类的，一个是阿联酋，一个是中国。阿联酋1980年的人均GDP已经超过10万美元，但人均受教育年限（指年龄在15岁或以上的人口）却不到4年，这当然是因为阿联酋有足够的石油资源，人们不需要教育也可以很富裕。与阿联酋相反，在1980年时，中国的人均GDP在图中所有国家里排名倒数第二，但是，中国的人均受教育年限却接近5年，接近世界中等水平。既然人力资本是经济发展最重要的因素之一，而中国在1980年时却那么落后，只能说明那之前的经济体制和政策制约了中国的发展，使得中国的人力资本不能发挥其潜力。所以，一旦实行了改革开放政策，中国与类似收入国家相比较高的教育水平就成了我们经济增长的巨大优势。即使类似收入（即类似工资水平）的国家同样实行了开放政策，其吸引外资的能力也会因为

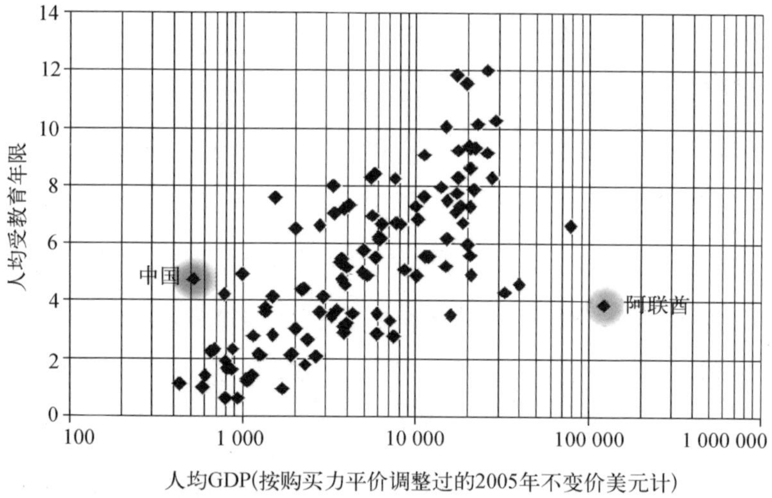

图2-3　人均受教育水平与人均GDP水平的国际比较：1980年

注：人均GDP数据来自世界银行的世界发展指标数据库，人均受教育年限数据来自：Robert J. Barro and Jong Wha Lee, A New Data Set of Educational Attainment in the World, 1950—2010[J]. Journal of Development Economics, 2013, 104: 184-198.（又见 http://www.barrolee.com/）

相对落后的教育而输给中国。

中国在人均受教育年限上的优势到了2010年可以说完全消失了。根据表2-4的数据，中国2010年人均GDP略低于世界中位数水平，而平均受教育年限是8.11年，也是略低于世界中位数，比很多发展中国家都低，如拉美的墨西哥、秘鲁，加勒比地区的牙买加，亚洲的斯里兰卡和菲律宾，中亚的塔吉克斯坦以及非洲的博茨瓦纳和南非等。但是，另一方面，这些国家的经济发展速度都不如中国。还有一些发展中国家人民的受教育年限并不比中国低太多，如非洲的津巴布韦、赞比亚和肯尼亚等，但是经济发展程度很低。很多非洲国家的人均受教育年限比印度更高或者与印度相仿，但经济增长远远不如印度。另外，比较新加坡、墨西哥和菲律宾，人均受教育年限相差无几，但经济发展水平和速度则是天壤之别。所以，有经济学家发现，大多数发展中国家的教育程度虽然都有显著的改善，但是经济增长速度并没有因此而加快[1]。这就不免让人怀疑教育在经济发展中的重要性。

[1] Lant Pritchett. Where Has All the Education Gone? [J]. World Bank Economic Review, 2001, 15(3): 367-391.

表2-4　人均受教育年限与人均GDP：2010年

国家或地区	人均受教育年限	人均GDP（美元）	国家或地区	人均受教育年限	人均GDP（美元）
美 国	13.09	48 375	南 非	8.48	7 276
澳大利亚	12.12	51 937	蒙 古	8.31	2 650
韩 国	11.94	22 087	中 国	8.11	4 561
德 国	11.82	41 786	津巴布韦	7.70	855
日 本	11.59	44 508	斯威士兰	7.69	3 690
斯里兰卡	11.10	2 808	巴 西	7.55	11 224
中国香港	10.40	32 550	洪都拉斯	7.30	1 933
瑞 士	9.92	74 606	加 纳	7.26	1 313
玻利维亚	9.87	1 981	土耳其	7.18	10 672
牙买加	9.75	4 686	赞比亚	6.68	1 463
博茨瓦纳	9.56	6 346	肯尼亚	6.65	967
英 国	9.44	38 893	越 南	6.34	1 310
塔吉克斯坦	9.37	738	坦桑尼亚	5.78	702
约 旦	9.17	3 679	乌干达	5.46	595
新加坡	9.13	46 570	印 度	5.20	1 346
墨西哥	9.06	9 016	塞内加尔	5.20	1 255
菲律宾	8.95	2 129	海 地	5.13	662
秘 鲁	8.93	5 022	民主刚果	3.26	334
世界中位数	8.64	5 412	莫桑比克	1.81	419

注：数据来源同表2-3。

为了回答教育究竟能否带来经济增长这个问题，美国经济学家哈努谢克（Eric Hanushek）和德国经济学家沃斯曼因（Ludger Woessmann）在过去十几年里做了非常深入的开创性工作。他们通过研究1960—2000年间各国经济增长与教育的关系，发现一个国家的经济增长速度与人均受教育年限这个数量指标关系确实不大，但是与这个国家基础教育的质量高度相关[1]。毕竟一个人上多少年学与他学到多少东西不总是一致的，所以他们的结论是从经济增长的角度看，教育的质量要比教育的数量更加重要。那么，究竟如何衡量一个国家的教育质量呢？两位学者利用国际性的中小学数学和科学考试的成绩数据，构建了一个具有可比性的七十多个国家的所谓“认知技能指数”（Cognitive Skill Index）。简而言之，他们通过国际间可比性的考试成绩来比较各国同龄的学生在相同的受教育年限里所获取的知识和技能的多寡，并据此来衡量各国教育质量的高低。

参加的国家和地区数量最多的知名考试是由总部在巴

[1] 埃里克·哈努谢克，卢德格尔·沃斯曼因.国家的知识资本：教育与经济增长[M].北京：中信出版社，2017. Eric A. Hanushek and Ludger Woessmann. Education Quality and Economic Growth, World Bank, 2007.

黎的经合组织（Organization for Economic Co-operation and Development, OECD）主持的国际学生评估项目（Program for International Student Assessment，PISA）考试。这个考试的目的是要衡量OECD成员国及参与考试的非成员国家或地区的基础教育的质量、公平性和效率，作为各国制定教育政策、改进教育体系的参考。这个考试每3年组织一次，考试对象是各国家或地区年龄在15岁的学生。该考试所评估的不只是学生学到了多少知识，也评估学生应用这些知识的能力。中国部分省市参加了2012、2015和2018年的PISA考试。表2–5列出了一些国家和地区2015年PISA考试成绩以及哈努谢克和沃斯曼因的“认知技能指数”（2018年的结果还没有公布）。可以看出，两个指标得出的教育质量排名非常相似，但不完全相同，原因是除了PISA考试，哈努谢克和沃斯曼因还用了其他国际性考试的结果。另外，他们用的PISA数据也是早些年的，那时候参加PISA考试的国家要少很多，以36个OECD成员国为主，但2015年有72个国家和地区参加了PISA考试。而且，同一个国家的考试成绩不同年份也会有一点变化。中国大陆有北京、上海、江苏和广东4个省市参加了2015年PISA考试。

表2–5 教育质量指标的国际比较

国家或地区	认知技能指数	2015年PISA数学平均分	2015年PISA科学平均分	国家或地区	认知技能指数	2015年PISA数学平均分	2015年PISA科学平均分
中国台湾	5.452	542	532	泰 国	4.565	415	421
韩 国	5.338	524	516	罗马尼亚	4.562	444	435
新加坡	5.33	564	556	斯威士兰	4.398	—	—
日 本	5.31	532	538	乌拉圭	4.3	418	435
澳 门	5.26	544	529	印 度	4.281	—	—
中国香港	5.195	548	523	约 旦	4.264	380	409
爱沙尼亚	5.192	520	534	哥伦比亚	4.152	390	416
瑞 士	5.142	521	506	土耳其	4.128	420	425
芬 兰	5.126	511	531	津巴布韦	4.107	—	—
澳大利亚	5.094	494	510	智 利	4.049	423	447
法 国	5.04	493	495	黎巴嫩	3.95	396	386
德 国	4.956	506	509	墨西哥	3.998	408	416
英 国	4.95	492	509	阿根廷	3.92	456	475
中国（大陆）	4.939	531	518	印度尼西亚	3.88	386	403

（续表）

国家或地区	认知技能指数	2015年PISA数学平均分	2015年PISA科学平均分	国家或地区	认知技能指数	2015年PISA数学平均分	2015年PISA科学平均分
越南	—	495	525	突尼斯	3.795	367	386
俄国	4.922	494	487	菲律宾	3.647	—	—
OECD平均值	—	490	493	巴西	3.638	377	401
美国	4.903	470	496	秘鲁	3.125	387	397
意大利	4.758	490	481	南非	3.089	—	—
以色列	4.686	470	467	多米尼加共和国	—	328	332

注：“认知技能指数”来自哈努谢克和沃斯曼因的论文：Eric A. Hanushek and Ludger Woessmann, Do better schools lead to more growth? Cognitive skills, economic outcomes, and causation[J]. Journal of Economic Growth, 2012, 17 : 267–321. 2015年PISA分数来自http://www.oecd.org/pisa/。

但是，无论从哪一个指标来评估教育质量，东亚几个国家和地区不仅名列前茅，更是遥遥领先于所有发展中国家[1]。中国（大陆）的认知技能指数超过了以发达国家为主体的OECD的平均值，也是唯一做到这一点的发展中国家。从2015年的PISA成绩来看，只有中国（大陆）和越南这两个东亚国家在

[1] 本书所说的东亚国家或地区除了中国大陆、日本、韩国、越南和中国的港澳台地区以外，还包括了以华人为主的新加坡。

数学和科学的成绩上超过了OECD的平均值。

那么，教育质量对经济增长的影响究竟有多大呢？根据哈努谢克和沃斯曼因用1960—2000年间的经济增长数据所作的估算，在其他条件（如收入水平和人均受教育年限）相同的情况下，认知技能指数每增加1分，人均GDP年增长率就多出2个百分点，这是一个极其巨大的效应。以新加坡和菲律宾为例，两个国家在认知技能指数上相差1.68分，光这个差别所带来的人均GDP增长率的差异每年就是3.36%，40年下来，人均GDP的差距接近4倍！中国（大陆）比秘鲁和南非高出将近2分，光这一项就可以使得中国的人均GDP增长率每年可以比这两个国家高出4个百分点。在这个意义上，中国经济增长的第二驾马车——教育也非常得力，是所有发展中国家中最得力的。

简而言之，从基础教育质量较高这个角度来看，无论是中国过去40年的高速增长，还是之前日本和“亚洲四小龙”的高速增长，都能够得到很好的解释。

读者朋友一定已经注意到表2–5中的教育质量指标完全来自考试成绩，而中国人会考试是众所皆知的。但考分高怎么就说明教育质量也高呢？毕竟考试成绩好的人不见得都有真才实学，更不见得有更多的创造力。美国惠普公司前CEO卡莉·菲奥莉娜（Carly S. Fiorina）在2015年参加竞选美国共和党总统候选人提名时曾经说过，她与中国做了几十年生意，她觉得中国人确实会考试，但他们做不到的是创新。中国人不是特别有想象力，他们没有创业精神，不会创新。[1]这段表述多数中国人听了会感觉很刺耳，但也会得到不少国人的认同。很多国人也批评中国的应试教育强调的是刷题，是死记硬背，这样的教育扼杀了创造力。

不过卡莉·菲奥莉娜的话似乎把考试能力和创新能力对立起来了，好像中国培养出来的学生只是缺乏创造力的考试机器。但谁说为了获得好的考试成绩就会让人失去创造力呢？难道说，不那么会考试的拉美、非洲和中东国家的学生反而比很会考试的中国和其他东亚地区的学生更有创造力？事实上，大家公认的创新能力更强的欧美发达国家的学生考试成绩都高于除中国和越南以外的所有发展中国家。虽然高分不见得高能，低分也不一定低能，但是高分低能者一定远远少于低分低能者。其实，PISA考试注重的恰恰不是学生死记硬背知识的能

---

[1] 原文是"I have been doing business in China for decades, and I will tell you that yeah, the Chinese can take a test, but what they can't do is innovate. They are not terribly imaginative. They're not entrepreneurial, they don't innovate, that is why they are stealing our intellectual property." 摘自 Tom Huddleston, "Carly Fiorina Says the Chinese 'Don't Innovate'," Time.com, May 26, 2015, http://time.com/3897081/carly-fiorina-china-innovation/。

力，而是应用知识解决问题的能力。

卡莉·菲奥莉娜指责中国人缺乏创新能力，批评中国侵犯美国的知识产权。改善知识产权保护是所有发展中国家都要面对的挑战，但同时，发展中国家只有通过引进、学习、模仿和借鉴发达国家的先进技术才可能实现较快的经济发展。如果说中国靠学习、模仿欧美国家的先进技术实现了经济的腾飞，那么，为什么绝大多数发展中国家都没有做到这一点呢？原因就在于学习和模仿别人的技术并不是一件容易的事，没有足够的数理化、工程和工艺知识，要看懂专利技术都是不可能的，更不用说将专利技术应用到生产过程中或者转化为产品。所以，是中国较高的基础教育质量使得我们在学习西方先进技术上比其他发展中国家有更多的优势。

中国人的学习能力也许较强，但中国的创新能力究竟如何呢？

技术创新：水平与变化

中国的创新不足一直以来被作为既成的事实而为人诟病，这让很多中国人为之痛心疾首，也让某些西方政客和评论家沾沾自喜。例如，美国前副总统拜登就揶揄中国缺乏创新，他于2014年5月在美国空军学院毕业典礼上说："确实，中国每年毕业的理工科学生是我们的6到8倍，但是我问你，你能不能说出一项创新的项目、创新的变化、创新的产品是来自中国的？"❶

"中国创新不足"的原因常常被认为是体制的痼疾和自由的欠缺。自由当然是非常宝贵的东西，但是，自由体制真的是创新的前提吗？让我们用各国诺贝尔科学奖获奖的数据来说明自由与创新的关系。

诺贝尔奖自1901年首次颁发到2015年这115年间，科学奖（包括物理学奖、化学奖和生理医学奖）共有近600位得主❷。从表2-6的数据可以看出，一百多年里，产生诺贝尔奖科学成果最多的国家是美国，占了将近一半，紧接着是英、德、法、瑞士四国。从每千万人口得诺贝尔奖人数来看，瑞士遥遥领先，是美国的三倍。所以，如果拿瑞士的得奖人数来作为诺

❶ 作者译自下面的媒体报道中引用的拜登的原话：VOA News, "Biden Slams China Over Lack of Innovation", May 29, 2014, https://www.voanews.com/a/biden-slams-china-over-lack-of-innovation/1924891.html。

❷ 本章所指的诺贝尔奖不包括文学奖与和平奖，也不包括经济学奖。诺贝尔经济学奖并不是诺贝尔本人设立的奖项，而是由瑞典银行在1968年捐款设立的，全名应该是"瑞典银行纪念阿尔弗雷德诺贝尔经济科学奖"。经济学与物理、化学、生物学和医学相比还远不够"科学"，绝大多数经济理论很难被实验或者经验数据严格精确地证明。所以，两个经济学家可以因为观点相反的理论而在同一年获得诺贝尔奖，这在别的学科看来是不可思议的。

贝尔奖标杆，中国的得奖人数不到其零头，世界上95%的国家的得奖人数都不及其零头。西方绝大多数国家在20世纪的大多数年头都是很自由的，但诺贝尔科学奖的获得者数量差异很大。同样自由民主、人口相近的北欧国家挪威和芬兰，获诺贝尔奖人数与丹麦相比却少了好几个。同样自由民主的加拿大和澳大利亚，其每千万人口获诺贝尔奖数却不到美国的三分之一。尤其有意思的是，苏联（或俄罗斯）的11个诺贝尔获奖者的成果绝大多数都是在不大自由的时期做出来的，中国屠呦呦的诺贝尔奖成果也是在不那么自由的时期做出来的。印度这样的人口大国，在独立建国以后没有一个诺贝尔奖成果，这与印度没有民主自由无多大关系！

表2-6　各国诺贝尔科学奖分布情况：1901—2015年

国家	1901—2015年获得诺贝尔科学奖人数	1901—2015年平均人口（百万）	每千万人口诺贝尔奖人数	国家	1901—2015年获得诺贝尔科学奖人数	1901—2015年平均人口（百万）	每千万人口诺贝尔奖人数
美国	274	183.21	14.956	澳大利亚	5	11.22	4.456
英国	85	52.16	16.296	比利时	4	8.99	4.449
德国	65.5	72.01	9.096	以色列	3.5	4.27	8.197
法国	32	49.01	6.529	挪威	3	3.51	8.547

（续表）

国家	1901—2015年获得诺贝尔科学奖人数	1901—2015年平均人口（百万）	每千万人口诺贝尔奖人数	国家	1901—2015年获得诺贝尔科学奖人数	1901—2015年平均人口（百万）	每千万人口诺贝尔奖人数
瑞士	23.5	5.44	43.199	阿根廷	2	21.44	0.933
瑞典	16.5	7.32	22.541	捷克斯洛伐克	1	14.48	0.691
日本	16	90.62	1.766	芬兰	1	4.17	2.398
苏联/俄罗斯	11	233.35	0.471	匈牙利	1	9.7	1.031
荷兰	9	11.17	8.057	爱尔兰	1	3.51	2.849
丹麦	8	4.32	18.519	葡萄牙	1	8.34	1.199
加拿大	7	18.48	3.788	西班牙	1	31.07	0.322
奥地利	5	7.22	6.925	印度	1	569.36	0.018
意大利	5	48.44	1.032	中国	1	770.03	0.013

注：数据是作者根据诺贝尔奖官方网站信息整理而成的。诺贝尔奖获得者的归属国不是按获奖者的国籍来确定的，而取决于他们获奖成果的研究工作主要是在哪个国家进行的，这是从获奖者传记信息中推断出来的，绝大多数情况下与获奖者在获奖时的工作单位所在国一致。如果一个科学家的获奖成果是在两个国家研究出来的（这样的情况是极少数），那么在统计获奖人数时，每个国家各算0.5个。个别情况下由于信息不足，本表对获奖成果的归属国推断可能有误，但这不会影响我们的结论。人口数据来自Maddison Project Database (https://www.rug.nl/ggdc/historicaldevelopment/maddison/releases/maddison-project-database-2018)，以色列数据是1950年后的平均数。

全球现在有约两百个国家，但产生过诺贝尔奖科学成果的只有26个，只有4位诺贝尔科学奖得主的研究是在现今被归为发展中国家（阿根廷、印度和中国）做出的[1]。所以，问题不是为什么中国难以产生诺贝尔奖科学成果，而是为什么所有发展中国家一百多年里都难以产生诺贝尔奖成果。当问题这样提出的时候，一个国家的创新能力与经济发展水平的关系就变得非常明显，而与体制的关系就不那么显然了。

与西方最发达国家相比，中国的创新确实不足。但是，这样的比较可以用到世界上所有发展中国家身上，不只是中国创新不足，巴西、墨西哥、土耳其这些人均收入长期高于中国的发展中大国的创新也同样甚至更加不足，更不用说其他更为落后的发展中国家了。拿一个发展中国家的技术创新水平与发达国家简单地对比意义不大，因为根本不用比就知道一定差距很大。没有听说过有国家经济发展水平不高或者中

[1] 其中一位是获得1930年物理学奖的印度科学家拉曼（C. V. Raman）爵士。但那时候的印度不是一个独立国家，而是英国殖民地；拉曼本人在得奖前一年还被封为英国爵士。另外两位是阿根廷的科学家，他们分别是获得1947年生理医学奖的何塞（Houssay）及获得1970年化学奖的莱洛伊尔（Leloir）。不过，阿根廷在1950年时还是个高收入国家，其人均国民生产总值在1950年之前与西欧发达国家相当，所以何塞在得奖时应该算作高收入国家的科学家。莱洛伊尔是何塞的学生、助手和同事，曾在剑桥大学师从诺贝尔奖得主霍普金斯，二战期间还去了美国从事研究，其获奖成果也是在19世纪四五十年代完成的。因此，我们可以说除了中国的屠呦呦参与的青蒿素研究，没有一个诺贝尔科学奖的成果在严格意义上出自第三世界发展中国家。

等，但科技水平却是世界领先的。科技创新能力最强的那些国家也是世界上最发达的国家。如果要质问为什么中国（或者任何一个发展中国家）与发达国家相比创新不足，就等于质问中国（或者任何一个发展中国家）为什么还没有成为发达国家。

对于一个发展中国家来说，关键的问题不是与发达国家的差距有多大，而是这个差距有没有在缩小，缩小的速度快不快。虽然很多国人对中国的创新能力评价很低，但是由世界知识产权组织（World Intellectual Property Organization, WIPO）联合美国康奈尔大学和欧洲管理学院（INSEAD）共同发布的“全球创新指数”（Global Innovation Index）却没有低估中国的创新能力，在其最新的2018年国家创新指数排行榜上，中国位居第17名，排到了加拿大、澳大利亚和意大利等发达国家的前面，而排在中国前面的全部都是远比中国（大陆）发达的高收入国家和地区（见表2-7）。瑞士排名第一，由此可以看出这个排名是基于人均创新指标而不是创新总量得来的。根据这三家机构的评价标准，即使从人均指标来看，中国也是所有发展中国家中创新能力最强的，超过很多人均GDP长期高于中国的中上等收入国家（如巴西、智利、土耳其等），更是将其他发展中国家远远抛在后面。有意思的是，前面所说的考试能力很强的几个东业国家和地区（新加坡、韩国、日本、中国香港）在创新指数上都很领先。

表2–7　全球创新指数：2018年

排　名	国家或地区	排　名	国家或地区
1	瑞　士	35	马来西亚
2	荷　兰	39	波　兰
3	瑞　典	44	泰　国
5	新加坡	45	越　南
6	美　国	46	俄　国
9	德　国	47	智　利
11	以色列	50	土耳其
12	韩　国	56	墨西哥
13	日本	57	印　度
14	中国香港	61	沙特阿拉伯
16	法　国	64	巴　西
17	中　国	73	菲律宾
18	加拿大	80	阿根廷
20	澳大利亚	85	印度尼西亚
28	西班牙	95	埃　及
31	意大利	118	尼日利亚

注：数据来自 https://www.globalinnovationindex.org/gii-2018-report。

那么，中国的创新指数凭什么排第17名呢？衡量一个国家科技创新水平和能力的常用指标有专利申请数和科技论文的发表数量等，不只是看总量，更重要的是看人均量。表2–8比较了中国与主要发达国家和一些发展中国家（或地区）的发明专利申请数[1]。中国专利申请总数在2012年首次超过美国，跃居世界第一位，到2016年已经是美国的2倍多；而就在2002年，中国的专利申请总数还不到2012年的10%，排名世界第七。专利申请总数第一当然不能说明中国现在已经成了世界上最具创新力的国家，中国的创新力其实还差得远。因为中国也是人口最多的国家，所以按人口数量平均以后的专利申请数中国就比处于技术最前沿的发达国家落后了。从表2–8可以看出，中国每百万人口专利申请数不到瑞士和韩国的20%，不到美国的60%，但是已经超过英国和加拿大这样的发达国家，更是远远超过其他发展中国家。

[1] 在比较各国技术创新时，学界一般采用专利申请数而不是专利授权数作为主要的指标，这是因为专利申请通常需要几年时间才会得到批准，所以专利授权数不如专利申请数能更快更准确地反映当前的创新活动。另外，专利申请最终获得授权的比例是比较稳定的，所以无论用申请数还是授权数作为比较各国创新活动的指标，最终的结果差别不大。

表2-8 发明专利申请数的国际比较：2016年

国家	全部专利申请数	海外专利申请数	人 口	每百万人口专利申请数	每百万人口海外专利申请数
瑞 士	46 991	38 262	8 286 976	5 670.5	4 617.1
韩 国	233 795	70 371	50 617 045	4 618.9	1 390.3
日 本	456 459	196 215	126 958 472	3 595.3	1 545.5
荷 兰	39 044	29 916	16 936 520	2 305.3	1 766.4
德 国	177 072	103 498	81 413 145	2 175.0	1 271.3
以色列	15 103	13 803	8 380 400	1 802.2	1 647.1
美 国	521 642	226 315	321 418 820	1 622.9	704.1
新加坡	6 724	5 123	5 535 002	1 214.8	925.6
中 国	1 257 409	52 428	1 371 220 000	917.0	38.2
英 国	52 882	33 873	65 138 232	811.8	520.0
加拿大	24 631	20 553	35 851 774	687.0	573.3
西班牙	10 803	6 496	46 418 269	232.7	139.9
俄 国	31 817	4 681	144 096 812	220.8	32.5
波 兰	6 143	1 468	37 999 494	161.7	38.6
土耳其	8 376	1 636	78 665 830	106.5	20.8
巴 西	7 215	2 015	207 847 528	34.7	9.7
印 度	25 837	12 638	1 311 050 527	19.7	9.6
墨西哥	2 403	1 093	127 017 224	18.9	8.6
越 南	633	73	91 703 800	6.9	0.8
菲律宾	557	230	100 699 395	5.5	2.3
印度尼西亚	1 154	53	257 563 815	4.5	0.2

注：本表中的专利只限于发明专利（inventions），不包括更容易获得的实用新型专利（utility models）。数据来自世界知识产权组织的官网https://www.wipo.int/portal/en/index.html。

也许有人会说中国申请的专利虽然数量很多，但质量可能不高，尤其是在国内申请的专利，质量可能比不上发达国家。确实，中国专利的质量平均来说很可能低于发达国家，但是应该不会低于其他发展中国家。中国人在海外申请的专利质量最终是由外国的专利机构审核的，所以也许海外专利的申请在质量上更有可比性。从人均海外专利申请数来看，中国与发达国家之间的差距就大多了（不过由于中国国内的市场很大，因此，中国企业申请海外专利的动力远不如像瑞士这样国内市场很小的国家的企业），但是仍然超过其他发展中国家。通过对世界各国专利申请数的比较分析，我们可以看到，虽然中国的创新水平与最发达国家相比还有不小的差距，但是与其他发展中国家——不管是比中国富裕还是落后的国家——相比，中国的创新水平都已遥遥领先。

表2–7和表2–8可以帮助我们认识中国的技术创新水平在国际上的相对地位，以及这个位置与中国的经济发展水平是否相称。但更有意义的比较是技术创新能力进步的速度。一个发展中国家不管原来有多落后，只要它技术进步的速度比先进的国家更快，那么赶上后者只是个时间问题。下面就让我们来看看中国的创新水平与发达国家的差距是否在缩小，缩小的速度有多快。表2–9比较了中国、美国、日本、韩国、印度和巴西

在1986—2016年间专利申请数的变化，可以清楚地看到，中国专利申请的增长速度是这些国家中最快的，复合增长率达到21.7%。韩国和印度的增长速度也比较快，复合增长率分别是14.9%和11.4%。韩国在1986—1996年间，复合增长率高达36.2%。与中印韩相比，巴西和日本这两个国家发明专利申请的增长速度则相对较慢。

表2–9 发明专利申请数变化的国际比较：1986—2016年

国家	1986	1996	2006	2016	1986—1996复合年增长率	1996—2006复合年增长率	2006—2016复合年增长率	1986—2016复合年增长率
中国	3 495	11 974	129 290	1257409	13.1%	26.9%	25.5%	21.7%
美国	65 741	177 967	404 260	521 642	10.5%	8.6%	2.6%	7.1%
日本	290 178	415 492	517 486	456 459	3.7%	2.2%	−1.2%	1.5%
韩国	3 641	79 815	173 301	233 795	36.2%	8.1%	3.0%	14.9%
印度	1 001	1 955	9 434	25 837	6.9%	17.0%	10.6%	11.4%
巴西	1 855	2 953	4 969	7 215	4.8%	5.3%	3.8%	4.6%

注：数据来源同表2–8。

从发明专利申请数的变化数据可以清楚地看到，中国技术进步的速度是全世界最快的，不只是快过美国和日本这样的发达国家，也同样快过印度和巴西这样的发展中国家，中国的创新能力与发达国家的距离正在快速地缩小。可以说，中国过去40年，尤其是过去20年的经济增长在很大程度上也是由技术创新推动的。

技术创新离不开基础的科学研究，科学研究的水平决定了技术创新的潜力和后劲。那么，中国在基础的科学研究上的水平究竟如何呢？进步有多快呢？科学论文发表数是衡量一个国家基础研究水平的主要指标。这方面最权威的数据来源就是“科学引文索引”（Science Citation Index, SCI）及“社会科学引文索引”（Social Science Citation Index, SSCI）数据库。这两个数据库收集了国际上各学科和专业领域主要学术期刊上的论文信息，这些期刊95%以上是英文的。表2-10列出了中国与另外几个国家在2003—2016年间在该数据库中发表的科学论文数量及变化。我们先看论文数量：2003年时，中国远远落后于美国，也落后于日本，但到2016年，中国的科学论文发表数量已经超过美国，成为全球第一。但由于中国人多，所以按每百万人科学论文数量比较，中国只有美国和韩国的四分之一，不到日本的一半，说明中国科研水平与发达国家相比还有不小的差距。但是另一方面，我们也要认识到，中国人均科学论文数量超过其他发展中国家，包括人均收入长期高于中国的巴西。接下来我们再看论文数量的增长率，这是一个更加值得重视的指标。美国和日本这样的发达国家在2003—2016年间发表的科学论文总量没有太大变化（日本甚至还有所下降），而中国论文的复合年增长率则达到了13%，不只超过了美日韩这样的发达国家，也超过了印度和巴西这样的发展中国家。

表2-10 国际核心科学期刊论文数比较：2003—2016年

国 家	2003	2008	2012	2016	2003—2016年复合增长率	2016年每百万人口论文发表数量
中 国	86 621	249 973	332 082	426 165	13.0%	311
美 国	321 766	391 933	432 312	408 985	1.9%	1 272
印 度	26 797	48 794	82 182	110 320	11.5%	84
日 本	97 235	106 898	109 425	96 536	−0.1%	760
韩 国	23 201	44 301	57 374	63 063	8.0%	1 246
巴 西	16 752	35 532	49 184	53 607	9.4%	258

有读者可能会说，中国发表的论文数量虽然很多，但质量也许不高。这个可能性当然存在。但是首先，表2-10中的论文都是发表在质量相对较高的国际核心学术期刊上的，通常都要经过同行的匿名评审；其次，一个国家论文的平均质量与其人均论文数量其实是正相关的。所以，中国论文的平均质量可能低于美国、日本和韩国，但高于巴西和印度。

在对专利申请与科技论文数量作了全球比较分析后我们

可以得出结论，技术进步确实是中国40年经济高速增长的又一驾有力的马车！中国的科技创新水平与最发达国家相比还有比较大的差距，所以还是要虚心学习，不能妄自尊大；但另一方面，我们也完全没有必要妄自菲薄，因为中国的创新水平已经大大超过了所有收入水平与我们相当或高于我们的发展中国家。更重要的是，中国技术进步的速度是世界上最快的，不只是远远快过发达国家，也快过其他发展中国家，所以中国的创新水平正在迅速追赶最发达的国家。

总结一下，本章通过相关数据进行全球比较，逐一分析了中国经济增长的三驾马车——投资、教育和技术进步，发现在过去的三四十年里，中国的投资率是全世界最高的，基础教育质量与发达国家相媲美，超过所有其他发展中国家，中国的技术进步速度也是最快的，这三驾马车的驱动使中国实现了全球最高速的经济增长。但这三个方面只是中国增长动因的几个表层特征，我们很自然地要问：为什么中国的投资率那么高？为什么中国的基础教育质量那么好？为什么中国的技术进步的速度那么快？也就是说，中国高速增长更加根本的、深层次的动因是什么？这就是下一章要回答的问题。

第3章

中国式增长之根本动因及其特征

我们在上一章分析了中国式增长的直接动因，其特征就是过去40年里，在所有发展中国家中，我们有最高的储蓄率和投资率，基础教育质量是最好的——达到甚至超过了一些发达国家的水平，技术进步的速度也是全球最快的，技术创新水平已远远领先于其他发展中国家，并迅速向发达国家靠拢。那么，为什么中国经济增长的三驾马车——投资、教育和技术进步——都那么有力呢？要回答这个问题，就需要分析这三驾马车背后更根本的动因，这些根本动因又可以分成两类，一类是一些长期不变的因素，如地理、气候和所谓的“民族素质”；第二类是一些可以改变的因素，如制度、政策和文化因素，当然文化的改变通常要比政策的改变需要更长的时间。

地理和气候因素——如高原、内陆和容易滋生传染病的热带环境等属于不利于经济发展的天然条件——会影响生产效率和投资回报率，这也许可以部分地解释某些非洲国家经济发展的滞后[1]。但是，在当今具备现代运输与通信工具和空调设施的条件下，地理作为一个独立的因素对经济增长的影响已经非

---

[1] John Luke Gallup, Jeffrey D. Sachs, Andrew D. Mellinger. Geography and Economic Development [J]. International Regional Science Review, 1999, 22(2): 179–232.

常有限了[1]。最起码，中国过去40年的高速增长是不能拿地理因素来解释的，毕竟中国各省、直辖市、自治区的地理条件和自然资源禀赋的差异很大，而过去40年来各地的增长速度都非常快，包括交通不便的内陆高原省份云南和贵州。中国任何一个省（直辖市、自治区）——包括东北三省——若是个独立国家，都会是过去40年里世界上经济增长最快的国家之一。

有些国人会用带有明显种族主义色彩的“民族素质”理论来解释中国的高速增长，主要是说中国人比其他发展中国家的人更勤劳或者更聪明。我在本书第1章里已经指出勤劳本身不会带来经济增长，而中国人是否在生物学意义上更“聪明”则缺乏严谨的科学根据。中国学生考试成绩更好这一点是事实，但这并不能证明中国人更聪明，而完全可能是因为中国学生学习时间更长，或者师资质量和教育条件比很多发展中国家更好。

既然地理和民族素质这类因素并非中国经济增长的根本动因所在，那么剩下的可能性就是制度和文化因素了。下面，我们分别来考察这两种因素。

---

[1] Dani Rodrik, Arvind Subramanian, Francesco Trebbi. Institutions Rule: the Primacy of Institutions over Geography and Integration in Economic Development [J]. Journal of Economic Growth, 2004, 9(2): 131–165.

制度解释的是与非

无论相信什么主义的经济学家，在解释中国增长奇迹时几乎都是围绕着中国“特色”的制度、政策来展开的。但是在强调所谓中国特色的时候，大多数人都是在与西方发达国家作比较，偶尔会与少数发展中国家如印度作比较。但是中国增长之所以被称为奇迹并不是因为中国比西方国家增长快，也不只是因为比印度快，而是比所有的发展中国家都快。所以，中国特色应该是在比较中国与所有发展中国家的差别中显示出来的。

制度是个不容易严格定义的概念。这里用“制度”一词涵盖体制和政策两方面的意思。在汉语词典中，“制度”一词的基本意思是指要求大家共同遵守的办事规程和行为准则（这与英语中的institution意思比较接近），而“体制”一词是指组织制度，“政策”则是维持改变现有制度或者建立新制度的手段。本书所说的“制度”包括政治和经济体制以及政府政策。一个国家的政治经济制度理论上会影响企业的投资与技术创新的效率及动力，也影响个人储蓄和接受教育的动力，从而影响到经济增长。

中国40年前启动的改革开放是一个巨大的制度变革，主流经济学文献也基本上是从制度的角度来研究中国经济的。我们已经习以为常地将中国增长的奇迹归功于改革开放。这个说法当然不错，没有改革开放，就不会有中国经济今天的成就。但是我们必须区分影响中国经济增长的因素和导致中国经济增长快过其他国家的原因。苏联和东欧国家也有改革开放，很多发展中国家虽然没有像中国和苏联那样实行以国营企业为主的计划经济体制，但在20世纪80年代之前也都有相当大的国有制和计划经济的色彩。在20世纪80年代后席卷全球的经济自由化浪潮推动之下，这些国家也都程度不一地推行了私有化、市场化的经济改革。所以，从制度变革的角度来解释中国的增长奇迹其实是“答非所问”，不是我们这本书探究的经济增长的根本动因。

所谓“增长奇迹”的说法只有在比较中才有意义，高速增长是在与低速增长的比较中体现出来的。比较的对象不同，增长奇迹的含义是不同的。在讲到中国过去40年的增长奇迹时，通常有几种比较对象。第一个比较对象是改革开放前近30年的中国。根据官方数据，1954—1978年间的人均GDP增长率平均每年是4.2%[1]，远远低于1979—2018年这40年间的8.4%。这个意义上的增长奇迹有个很自然的解释，那就是改革开放政策带来的制度变革。但是如果有很多别的国家同一时期的增长与中国一样快，那即使是8.4%的增长也说不上是奇迹。

第二个比较对象是其他社会主义国家，包括已经实行了改革开放的越南和老挝，以及基本没有改革开放的朝鲜和古巴。在过去30年里，改革开放的越南和老挝的人均GDP年平均增长率分别是5.2%和4.6%，都比较快，但还是逊于中国；而没有改革开放的古巴则是1.4%。朝鲜不向外界公布数据，但据韩国一个机构的估计，朝鲜在1990—2017年间的GDP年增长率是-0.48%[2]。所以，改革开放能够解释为什么中国过去40年经济增长比没有改革开放的朝鲜和古巴更快，但不能解释为什么也比改革开放了的越南和老挝更快。

第三个比较对象是前社会主义国家，包括苏联和东欧国家。这些国家在20世纪90年代初开始改革开放，从计划经济体制转轨到市场经济体制。与这些国家相比，中国改革的结果可以说是空前的成功，在中国以每年10%左右速度增长的20世纪90年代，绝大多数苏联和东欧国家都出现了持续的经济

❶ 复合年增长率则不到4%。

❷ https://tradingeconomics.com/north-korea/gdp-annual-growth-rate。

负增长。如何解释中国转轨的成功就成了国内外学术界研究的一个重要问题，答案包括中国渐进的改革策略，中国改革前的地方分权体制等[1]。不管有哪些解释，苏联和东欧国家的转轨经历说明，光靠改革开放并不必然会创造增长的奇迹。

第四个比较对象是发达国家。与发达国家相比，中国经济增长虽然每年快了约7个百分点，但似乎也算不上什么奇迹，毕竟中国在40年前的基数很低，即使到今天，人均收入也只达到发达国家的三分之一到五分之一的水平。但是我们前面说过，基数低的国家经济增长并不一定比发达国家更快，过去40年里，大多数发展中国家在大多数时候的经济增长都不如发达国家快。

所以，中国的经济增长奇迹是在与第五个比较对象——同一时期的其他发展中国家相比时才真正表现出来的，因为无论是低收入国家还是中等收入国家，绝大多数发展中国家过去40年的经济增长都不快。在1977—2017年间，全部发展中国家的人均GDP年均增长率只有2.5%，而中国的增长率是

[1] 这方面的研究以中国经济学家钱颖一教授的贡献最大，参见他的新书Yingyi Qian. How Reform Worked in China: The Transition from Plan to Market [M]. Massachusetts: MIT Press, 2017；以及朱天《改革是怎样成功的：钱颖一学术贡献述评》，当代经济学基金会官网，2017年1月（http://www.nefchina.org/index.php?id=292）。

8.4%，称之为奇迹绝不为过。但大多数经济学家都没有自觉地在这个意义上讨论和分析中国增长的奇迹。

我上面用“同一时期”这个界定，原因是经济增长的奇迹并不只在中国（大陆）出现过。如果以连续30年人均GDP年平均增长率超过6%作为增长奇迹的标准，那么在20世纪60年代初至20世纪90年代初的30年间，全球有五个经济体曾经有过这样的增长奇迹，除了非洲的博茨瓦纳，其他都在东亚，分别是韩国、新加坡、中国台湾和中国香港。与“亚洲四小龙”不同，博茨瓦纳的增长很大程度上得益于其丰富的钻石资源。当然，很多资源丰富的发展中国家并没有实现高速增长，所以博茨瓦纳的经济表现还是值得称道的，但在1987年人均GDP刚达到1 500美元后的30年里其经济增长就大幅放缓，平均增长率只有3.5%，结果没有像“亚洲四小龙”那样最终成为高收入的发达经济体。“亚洲四小龙”与中国大陆一样，都是在自然资源相对贫乏的条件下通过发展制造业和服务业实现了增长奇迹。所以，我们说中国增长奇迹是东亚增长奇迹（包括日本20世纪50—80年代的高速增长）的一部分。解释中国增长奇迹的理论也应该能够解释东亚增长奇迹，反之亦然。

20世纪八九十年代，学术界在从制度的角度解释日本和

"亚洲四小龙"的"东亚奇迹"时，有两派几乎相反的观点。第一派观点以主流经济学家为代表，可以称之为"自由市场派"，他们认为东亚模式本质上就是以私有制为主体、以出口为导向的市场化经济体制，其他发展中国家之所以没有像"亚洲四小龙"那样实现经济腾飞主要是因为实行了偏离市场经济的体制和政策，包括国有化、计划经济、贸易保护、过度干预等[1]。中国的"自由市场派"经济学家自然也是用市场化的改革开放来解释中国的增长奇迹，他们同时也将中国经济近些年的下行归咎于改革开放的停滞。这些经济学家的观点听上去似乎很有说服力，但是他们不能解释为什么世界上这么多发展中国家只有几个东亚国家和地区采取了正确的市场化经济体制和政策，而其他国家都采取了错误的体制和政策。更令人不解的是，虽然大多数发展中国家从20世纪80年代以后都先后放弃了以所谓的"进口替代"为导向的贸易保护主义的工业化政策[2]，推行了私有化、市场化的经济改革，但亚洲以外的发展中地区的经济增长却并没有因此而加快，更不用说达到东亚的

[1] World Bank, *The East Asian Miracle*, Washington, D.C.: The World Bank, 1993; Sebastian Edwards. Left Behind: Latin America and the False Promise of Populism [D]. Chicago: University of Chicago Press, 2010.

[2] 进口替代政策指的是一个国家通过诸如高关税和进口配额等贸易壁垒来保护本国企业生产一些原先靠从国外进口的产品，从而实现工业化。

增长速度了。

第二派观点以研究政治经济（political economy）的学者和非主流经济学家为代表，可以称之为“发展型政府（developmental state）派”或者“产业政策派”，他们强调政府干预在东亚地区经济发展中的关键作用，认为东亚模式的核心就是强势政府推动符合本地情况的产业政策[1]。一些中国学者如在解释中国增长奇迹的时候所提出的观点也可以归入到这一学派[2]。但这个学派不能解释为什么很多发展中国家曾经积极干预过而且现在还在干预经济，但只有东亚的几个国家和地区（也就是当年的日本、韩国和中国台湾以及现在的中国大陆）干预成功了，他们也不能解释为什么干预程度较小的新加坡和作为自由市场典范的中国香港同样实现了经济腾飞。这一派学者也许会辩护说：问题不在于干预多了还是少了，而在于干预对了还是错了，在于干预的水平高不高，干预的政策是否合理，错误的干预比不干预可能更糟糕。这个辩护在理论上也许

---

❶ Robert Wade. Governing the Market: Economic Theory and the Role of Government in East Asian Industrialization [M]. Princeton: Princeton University Press, 1990; Meredith Woo-Cummings. The Developmental State [M]. New York: Cornell University Press, 1999。

❷ 林毅夫，蔡舫和李周. 中国的奇迹[M]. 上海：上海人民出版社，1999；林毅夫. 新结构经济学[M]. 北京：北京大学出版社，2012；文一. 伟大的中国工业革命[M]. 北京：清华大学出版社，2016.

不错，但我们还是可以继续追问：为什么在这么多发展中国家里只有东亚几个国家和地区干预经济的水平最高呢？

2016年中国经济学界的一件大事就是林毅夫等人的产业政策之争，以及由此引起的大辩论[1]。辩论双方的观点已有很多报道，这里毋庸赘述。一方用非主流的经济学理论得出主流经济学家也会支持的政策结论，而林毅夫却是试图用主流的经济学方法得出非主流的政策结论。双方观点的差异很大程度上与他们对中国经济过去40年高速增长原因的解释直接相关，一方将中国经济发展的成就归功于市场化改革，而林毅夫则认为除了市场化改革以外，中国政府采取的符合比较优势的产业政策和发展战略也功不可没。

总之，无论是自由市场派还是发展型政府派，都可以称为“制度派”，因为他们都是从制度（即体制和政策）的层面来解释中国和东亚的增长奇迹。但是，东亚（尤其是中国）的增长奇迹恐怕很难归结到制度上的优势，毕竟日本、“亚洲四小龙”和中国大陆在各自快速发展的时期所实行的政治经济体制都不尽相同。即使有什么制度优势的话，应该也是可以模仿和学习的，因此也早就应该被别的一些国家学到了。很难想象

[1] 林毅夫，张军，王勇，寇宗来.产业政策：总结、反思与展望[M].北京：北京大学出版社，2018.

战后七十多年来世界上一百多个发展中国家只有东亚几个国家和地区发现了最有利于经济发展的体制和政策，其他国家不仅没有发现，连模仿都不会。这种可能性有多大呢？

除了上述两个制度派的观点以外，经济学文献中大多数关于中国增长奇迹的研究都不是要回答为什么中国的增长比某一类国家更快，而是要回答一个理论问题，即为什么在缺乏主流经济学认为理所当然的私有产权保护和市场主导资源配置这两个条件下，中国仍然能实现持续的高速增长？这个理论问题之所以成为问题，是因为在西方主流经济学的框架中，私有产权和自由竞争市场不仅是大多数理论模型的假设前提，也被认为是最能有效配置资源的体制，即使不是实现经济增长的充分条件，也是其必要条件。既然中国这种体制不占主导，增长为什么照样迅速就成了一个问题。这一类研究可以称为“中国经济的制度研究”，而不是关于中国增长奇迹的研究[1]。其要回答的问题通常是：中国是如何通过一些特殊的制度安排克服不

[1] 从事这类研究的比较有代表性的学者除了钱颖一教授以外，国内的学者还有许成钢、白重恩、周黎安、姚洋等。参见Chenggang Xu. The fundamental institutions of China's reform and development [J]. Journal of Economic Literature, 2011, 49: 1076–1151; 白重恩．“特惠模式”不可持续[J].财经界，2015，(11)：56–58；周黎安．“官场＋市场”与中国增长故事[J].社会，2018, 2（38）：1–45；姚洋．中性政府：对转型期中国经济成功的一个解释[J].经济评论，2009（3）：5–13.

健全的私有产权和市场机制的缺陷，从而实现经济增长的？而不是中国为什么实现了世界上最快的经济增长[1]？这类研究成果属于微观经济学的范畴，而不是属于宏观经济学的经济增长范畴。其实，从经济学理论上看，动态的经济增长与静态的资源配置并不是一回事。经济增长是要今年产出比去年高，明年产出再比今年高，并不需要每一年的资源配置是静态最优的，甚至也不要求今年比去年配置更优。一个国家，尤其是发展中国家并不必须有了一个理想的产权和市场体制才能够实现经济增长[2]。

---

[1] 例如，白重恩等人最近提出了一个所谓"特惠模式"的理论假说来解释为什么中国在比较差的制度环境下能实现持续的高速增长。他们认为中国通过"特惠政策"（即区别对待不同企业的政策）这样的"非正式制度"来克服"正式制度"上的缺陷，促进受惠企业和部门的发展，从而实现经济增长；但他们同时指出，这样的特惠模式又有自身的不足，会带来一些扭曲现象，最终不利于经济增长。特惠政策在不同的条件下可能有利有弊，研究其利弊得失本身很有意义，但是用这一点来解释中国的增长奇迹就属于"答非所问"了。如果说特惠政策可以让一个国家实现中国这样的高速增长的话，那么经济增长也就太容易了。我相信大多数发展中国家也有类似的特惠政策。事实上，三位学者也说特惠模式在正式制度比较差的国家很常见。所以，特惠政策也许对中国部分企业的发展曾经很重要，但不是中国为什么增长比别的国家更快的原因。参见 Chong-en Bai, Chang-Tai Hsieh, and Zheng Song. Special Deals with Chinese Characteristics [J]. Mimeo, 2019.

[2] 钱颖一教授早在20年前就指出，像中国这样的发展中国家或者从计划经济往市场经济转型的国家，并不需要多么完美的制度就有可能实现高速的经济增长。参见：Yingyi Qian. The Institutional Foundations of China's Market Transition [J]. Conference Paper, the World Bank's Annual Conference on Development Economics, 1999.

文化：中国发展的比较优势

一个国家的经济增长或者发展速度受很多因素的影响，包括地理、气候、人口、制度、历史和文化因素，没有哪一个因素是经济发展的充分条件，也很难说哪几个因素是经济发展的必要条件，但可以肯定的是，有些因素比另外一些因素更重要。大多数经济学家相信制度是最重要的因素，其他因素即使有影响，也不会太大，并且这些影响可以通过好的制度来克服。这些经济学家几乎都不相信文化的作用，最起码在写经济学论文的时候是这样的。这也是为什么主流经济学家都是从制度的层面去讨论中国增长的奇迹的原因。

制度对经济增长的影响是毋庸置疑的，我这里用比较优势的说法与国际贸易理论中的概念不同，指的是在影响经济增长的因素中，中国与别的国家相比较所具有的优势。我在第1章的两个表格中（见表1–1和表1–3）引用的数据已经很清楚地表明，中国在制度因素方面（如市场化程度、政治稳定和政策有效性等）与很多发展中国家相比并没有很大的优势。那么中国经济发展的比较优势究竟在哪里呢?

十几年前，有三位西方经济学家用88个国家（或地区）的数据来研究从1960年到1996年间人均GDP的平均增长率是由哪些因素决定的，他们总共考察了67个因素（“解释变量”），包括初始条件、地理位置、所属区域、殖民地历史、人口结构、制度政策、国际关系、教育和宗教等各个方面的指标，几乎涵盖了所有可能影响一个国家经济增长的因素[1]。这个颇有影响的研究得出的结论是：决定一个国家（地区）经济增长率最重要的因素取决于其是否属于东亚[2]！更具体地说，在假定所有其他条件相同的情况下，一个东亚国家（或地区）的人均GDP年增长率要比其他国家高大约2%，而同一时期的各国平均增长率只有1.8%。这个结果说明，东亚国家（或地区）的增长中有高出世界平均数一倍的增长率是无法用任何其他因素来解释的！既然其他因素都不能解释东亚增长奇迹，剩下的就只有文化因素了。毕竟，无论是中国、日本，还是“亚洲四小龙”，它们不仅是属于地理位置上的东亚，而且在文化上都属于儒家文明圈。该文作者没有明确指出他

---

❶ Xavier Sala-i-Martin, Gernot Doppelhofer, Ronald I. Miller. Determinants of long-term growth: A Bayesian averaging of classical estimates (BACE) approach [J]. American Economic Review, 2004, 94(4): 813–835.

❷ 用学术语言说，在作者的回归分析的结果中，东亚地区这个虚拟变量的影响是最稳定、最可靠的（robust）。

们所说的东亚包括哪些国家，但由于他们的样本里不包括中国，因此根据文中东亚人口占世界人口的比例数据可以推断出作者所说的东亚也包括了东南亚国家如马来西亚、印度尼西亚和菲律宾等，而这些国家的增长率在1960—1996年间是低于“亚洲四小龙”的。这也就意味着“亚洲四小龙”的增长中不能被解释的部分还要更高。作者还进一步发现，在他们所定义的东亚国家和地区（包括东南亚）中，如果属于儒家文化的人口比例多出20%，其经济增长率还要高出1.1%。这一点可以通过比较中国台湾（或新加坡）与马来西亚之间的增长率差异看出来。受儒家文化影响的东亚人民普遍重视储蓄和教育，很可能正是这个共同的文化特征使得东亚国家和地区在物质资本和人力资本的积累速度以及学习西方先进科学技术的能力上超过了其他发展中国家，从而实现了增长的奇迹。

有意思的是，强调制度重要性而否定文化作用的学者也常常用东亚作为例子来支持他们的观点。他们会比较改革开放前的中国大陆与中国台湾和中国香港，两岸三地文化相同，但经济增长表现迥异；大陆改革开放后的经济表现更加证明了制度的决定性作用。当然，似乎更能说明问题的还是要数韩国和朝鲜，同文同种、地理气候、人口规模差异更小的两个国家，经济表现却天壤之别。对于制度决定论的经济学家来说，没有比韩国和朝鲜这两个国家更能说明是制度而不是文化才是决定经济发展的最根本的动因[1]。这些学者用文化相同但制度不同的两个国家的经济表现来证明制度很重要本身当然没错，但是制度重要不意味着文化就不重要。对比韩国与朝鲜并不能证明文化不是经济发展的重要因素，只能说明对比这两个文化相同的国家无法看出文化在经济发展中有多重要。只有对比文化不同但制度相近的国家之间经济发展的差异，才能知道文化是否重要。

---

[1] 参见德隆·阿西莫格鲁（Daron Acemoglu）和詹姆斯·罗宾逊（James Robinson）:《国家为什么会失败》，李增刚译，湖南科学技术出版社2015年版。原作名是*Why Nations Fail: The Origins of Power, Prosperity, and Poverty*, Crown Business, 2012。作者把一个国家的政治制度分成“包容性制度”（inclusive institution）和“攫取式制度”（extractive institution）两大类，民主体制就属于包容性的制度，而集权专制则属于攫取式制度。他们声称，前一种制度创造了现代的可持续的经济增长，而在后一种制度下，一个国家即使可以在一段时期里实现比较快速的经济增长，也是不可持续的，苏联就是他们引用的一个典型例子。作者也由此预测，中国的经济增长是不可持续的，除非实现民主化，否则中国的增长必然会停滞。不管这个预测是否会成立，这个观点起码不能解释过去40年的中国增长奇迹。这本书虽然很出名，但是争议也很大，学术界的评论对该书的论点总体上似乎是持批评态度的。书中的主要观点是基于作者早些年发表的一系列学术论文，对其观点最严谨有力的反驳当数下面的文章：Edward L. Glaeser, Rafael La Porta, Florencio Lopez-de-Silanes, Andrei Shleifer. Do Institutions Cause growth? [J]. Journal of Economic Growth, 2004, 9(3): 271–303.

这里我要强调，必须区分影响某个国家经济增长的因素和影响国家之间增长速度差异的因素。绝大多数批评文化论的制度派学者都忽视了这两者之间的差别。韩国与朝鲜相比，其经济增长的比较优势在于市场化的制度，但是韩国与菲律宾或者牙买加相比，其经济增长的比较优势就不是制度，而更可能是文化。

我们在第2章看到，中国的储蓄率是所有发展中国家中最高的，基础教育质量也是所有发展中国家中最好的。这两个特征很难拿制度或者相关的因素来解释，只有文化因素才有解释的力度。中国文化中与经济增长直接相关的价值取向其实只有两个，一个是勤俭节约的劳动和储蓄观，一个是对教育和学习的重视，前者影响物质资本的积累，后者影响人力资本的积累和技术进步的速度。

一旦说到中国储蓄率高，多数人（包括经济学家）不会认为是文化原因，而会认为是社保医保水平低，这种导致中国消费低和储蓄高的说法听上去颇有道理，但是，中国高收入家庭的储蓄率已经超过40%，而这些家庭反而是有比较好的社会保障和安全感的。再者，过去十年中国的城镇社保制度不断完善，覆盖面越来越广，但城镇居民的储蓄率仍然在上升，从2008年的26.1%上升到2018年的

33.4%[1]。另外，一旦我们将不同国家放在一起比较，也就很容易看到社会福利制度和安全感决定储蓄率这个理论的片面性。从第2章的图2-1中可以看出，40年来，中国、新加坡和瑞士的储蓄率从来都是很高的。新加坡的储蓄率比中国还要高，不可能是因为新加坡的社会保障不如其他国家。在欧洲，瑞士的储蓄率过去30年平均超过30%，而希腊则不到15%，显然也不是因为瑞士的社保制度落后于希腊。

用高储蓄率解释东亚增长奇迹这一点在经济学界是有争议的。东亚地区储蓄率高以及增长率快这两个事实本身当然没有疑问，有争议的是孰因孰果。文化论者自然倾向于将储蓄率高作为东亚增长快的原因，而两位有名的西方经济学家却认为是东亚的高速增长导致了储蓄率的上升[2]。但即使这两位学者也只是要指出经济增长本身会导致储蓄率的上升，并不否认高储蓄率会加快经济增长。最近十几年来，一些关注文化与经济发展关系的经济学家通过利用始于1981年的一个全球社会科学研究项目“世界价值观调查”（World Value Survey）的数据

---

❶ 这是根据国家统计局公布的数据计算得来的。

❷ Christopher D. Carroll & David N. Weil. Saving and Growth: A Reinterpretation [J]. Carnegie-Rochester Conference Series on Public Policy, 1994(40): 133–192.

发现一个国家人民的节俭观确实会影响到一个国家的储蓄率，从而影响其经济增长[1]。至于为什么各个国家和民族对节俭的重视程度有差异，有经济学家认为可能是由近代之前（16世纪前）各地农业投资的回报率的差异决定的，农业回报率高的地区的人民会逐渐形成储蓄和投资的文化，会更有长远的眼光[2]。

在第2章我们看到，中国及受儒家文化影响较大的东亚其他国家和地区的基础教育质量在世界上都是位于前列的。其原因并不在于东亚地区的教育体制有什么特殊之处——即使有什么特殊之处（如围绕着高考制度的应试教育），也是可以学习模仿的（不喜欢这种模式而不想模仿则是另外一回事），也不在于东亚地区的政府比其他地区的政府更加重视教育。事实上，东亚地区政府在教育上的支出占GDP的比例总体上是低于世界平均水平的，与同等收入国家相比，人均受教育年限也并非明显更高[3]。所以，在东亚，对教育的重视是来自人民而不是政府。

❶ Luigi Guiso, Paola Sapienza, Luigi Zingales. Does Culture Affect Economic Outcomes? [J]. Journal of Economic Perspectives, 2006, 20(2): 23–48.

❷ Oded Galor and Omer Ozak. The Agricultural Origins of Time Preference [J]. American Economic Review, 2016, 106(10): 3064–3103.

❸ 朱天. 中国增长之谜[M]. 北京：中信出版社，2016：111–113.

但是东亚人民重视教育究竟是文化使然，还是因为在经济增长速度很快的国家教育的回报率较高？也就是说，因果关系可能是反过来的，不见得是重视教育（及由此带来的较高的教育质量）导致经济快速增长，而可能是因为经济增长较快，所以教育的回报很高，导致人们更加重视教育。理论上当然有这样的可能性，但中国人对教育的重视并不是最近40年才有的现象。即使在“文革”年代，民间对知识的尊重和学习的热情也并没有被全然摧毁。很多因为上山下乡而失去了继续受教育机会的知识青年在非常恶劣的条件下也没有放弃读书学习，这些人当中就包括很多现任的领导人。今天一些成功的中国商人和官员非常热衷于获得博士、教授的头衔，这样做显然没有实际的经济利益，只是虚荣而已，但这也从另一个侧面反映出了中国尊崇知识学问的文化特性。

其实，不只是生活在中国大陆的家长重视孩子的教育，就是生活在东南亚国家和西方国家的华人也同样重视教育，华裔学生的成绩普遍高于这些国家其他族裔的学生。是这些学生天生更聪明，还是他们学习更加刻苦呢？社会学家谢宇教授等人在2014年发表的一项研究中发现，中国、印度和韩国等亚裔美国学生的学习成绩超过白人学生的主要原因不是智商更高，而是更加努力[1]。为什么亚裔学生学习更加努力呢？作者认为与亚裔的文化和移民的身份有关。亚裔家长比白人家长更相信后天努力而不是天生资质的作用，因而也就对孩子的学习态度和成绩有更高的要求。确实，中国传统文化中悬梁刺股、凿壁偷光、囊萤映雪等典故也都在褒扬刻苦学习的品德。

中国乃至整个东亚地区人民特别重视教育有其历史原因，与其悠久的文化传统有关。与东亚地区相比，大多数发展中国家在近代欧洲殖民主义者统治之前都没有自己民族的书面语言，更谈不上学校教育和考试制度，当然也就不可能存在重视教育的传统文化[2]。从东亚国家和地区由文化原因带来的较高教育质量这个角度来看，我们可以理解为什么日本是二战之前实现工业化的唯一的西方以外的国家，为什么二战之后70年里除少数欧洲（包括以色列）和盛产石油的中东国家以外，只有“亚洲四小龙”成功加入到了发达经济体的行列，以及为什么过去40年里中国成为全世界经济增长最快的国家。这些都不

---

❶ Amy Hsin and Yu Xie. Explaining Asian Americans' academic advantage over whites [J]. Proceedings of the National Academy of Sciences, 2014, 111(23): 8416–8421.

❷ Henry Rogers. Writing Systems: A Linguistic Approach[M]. Oxford: Blackwell Publishing, 2005. 在近代欧洲殖民主义者入侵之前，全部拉美和加勒比地区（玛雅文字早就失传）和撒哈拉以南非洲（埃塞俄比亚除外）都没有自己民族的书写系统。

是偶然的。

文化影响经济发展的观点虽然不被经济学家广泛接受，但在社会学家那里却是主流观点，可以追溯到社会学的老祖宗之一马克斯·韦伯（1864—1920）。韦伯在其著名的《新教伦理与资本主义精神》中将工业化产生于西欧的原因归于由基督教新教（尤其是受加尔文主义影响的教派）的教义在教徒身上所激发出来的纯粹以积累财富而不是个人消费为目的“资本主义精神”，勤劳节俭就是这个精神所要求的工作伦理。虽然当年韦伯认为中国以儒教和道教为代表的传统文化不足以产生现代资本主义，但他同时也指出当资本主义在别的地方兴起以后，中国完全有能力学习、吸收和发展资本主义[1]。一些从事东亚研究的学者（尤其是社会学家）早在20世纪80年代就提出儒家传统文化是产生东亚经济奇迹的重要原因[2]，但1998年的亚洲金融危机削弱了文化论的声音和影响。

文化论的观点经常受到的批评（很大程度上也都是误解）

---

[1] 金耀基.中国社会与文化[M].香港：牛津大学出版社，1992；Richard Swedberg. How to Analyze the Chinese Economy with the Help of Max Weber: A Practical Guide to His Economic Sociology [M]. CSES Working Paper Series, 2014.

[2] 参见前引金耀基所著《中国社会与文化》一书；Peter L. Berger, “An East Asian Development Model?” in Peter L. Berger and Hsin-Huang Michael Hsiao (ed.), *In Search of an East Asian Development Model?* Transaction Books, 1988: 3-11；Geert Hofstede and Michael Harris Bond. The Confucius Connection: From Cultural Roots to Economic Growth [J]. Organizational Dynamics, 1988, 16(4): 5-21.

有这么几类。第一类，也是最常见的批评，是将本书主张的文化论（即文化影响经济增长的理论）混同为一元的文化决定论（即文化是决定经济增长的唯一因素的理论）。这类批评者常常指责文化论否定制度的作用，认为文化是个“慢变量”，只有制度这个“快变量”才可能是影响经济发展的决定因素。他们会问：如果中国文化那么有利于经济增长，为什么要等到最近40年才发生作用呢？中国文化早干什么去了？如果东亚文化那么好，日本和“亚洲四小龙”的增长为什么变得这么慢了？这些问题的答案其实很简单。几乎所有主张文化影响经济的学者都不认为文化是决定经济增长的唯一因素，都承认制度以及其他因素的作用。东亚的储蓄和重视教育的文化既不必然带来经济的腾飞，也不保证经济会一直保持高速的增长。在18世纪工业革命之前，人类的技术进步是极其缓慢的，一点小小的技术进步的结果最终也被人口的增长所抵消，导致人均收入停滞不前。更重要的是，在传统的农业社会，节俭得来的财富主要就是用来添置土地而已，但土地资源是有限的，不可能无限扩张。在工业革命和现代科学产生之前，一个农业社会再重视教育，也不可能实现快速的技术进步。持续的经济增长只有在工业社会才有可能实现，因为工业社会的经济增长主要不是现存的产品的量的扩张，而是产品种类的不断扩张、现存产品的更新换代、生产方法的不断改进和生产效率的不断提高。即使在工业化时代，经济增长的速度也是由多个因素决定的，储蓄和重视教育的文化只是一个发展中国家实现追赶型增长的一个有利因素，但绝非充分条件，没有适当的制度和国际环境也无济于事。改革开放搬走了中国经济发展在制度上的绊脚石，在这个意义上，可以说改革开放的政策是中国经济快速崛起的一个至关重要的原因，但不是中国为什么比所有发展中国家增长更快的原因。另外，东亚文化在经济发展上的优势只是在与其他发展中国家相比较之下的优势，并不一定具有超越于西方发达国家的优势，东亚的储蓄和教育文化有利于迅速学习、吸收和复制西方发达国家的先进技术，从而不断缩小与后者的差距。现在，日本和“亚洲四小龙”在经济发展水平上已经成功赶上西方发达国家，经济增长速度自然也向它们靠拢。

对文化论的第二类的批评是文化论都是事后解释，没有预测能力，一个国家经济发展不好怪文化有问题，发展好了又说有文化优势[1]。例如，林毅夫教授就明确地反对用文化来解释东亚经济增长的成就，他指出，就在几十年前，同样的儒

---

[1] Eric L. Jones. Cultures Merging: A Historical and Economic Critique of Culture [M]. Princeton: Princeton University, 2006.

家文化还被视作东亚现代化的主要障碍，这是颇有讽刺意味的[1]。确实存在粗浅的文化论，倾向于文化解释的学科尤其如此。不过，社会科学（包括经济学）本来就是擅长于事后解释，而不是事先预测，但这并不能否认事后解释的重要性，关键是要看事后解释的质量，即在理论上、方法上和数据上有多么严谨。另外，文化论者在判断一个具体现象时犯了错误，不等于文化论本身就是错的。尽管儒家文化中可能有不利于现代化的成分，但儒家文化对勤俭和教育的重视却不可能是现代化的障碍。文化论其实并非不能作预测。事实上，已故哈佛大学教授、曾经担任美国驻日本大使的赖肖尔（Edwin Reischauer, 1910—1990）早在1974年发表在美国《外交事务》杂志上的一篇文章中就指出，日本和"亚洲四小龙"的经济增长与中国文化有关；他预测，当中国大陆、朝鲜和越南一旦在政策上改弦易辙，实现和平发展，也应该可以实现同样的经济增长。他还指出，东亚未来的迅速崛起最终会打破既定的世界权力的平衡，正如日本的经济增长造成对美国经济地位的威胁一样[2]。他的话今天看来真是有先见之明。同样，文化论让我们

❶ Justin Yifu Lin. The Quest for Prosperity: How Developing Economies Can Take Off [M]. Princeton: Princeton University Press, 2014.

❷ Edwin O. Reischauer. The Sinic World in Perspective [J]. Foreign Affairs, 1974, 52(2): 341–348.

可以有相当的把握去预言：深受儒家文化影响的国家越南将会是继中国之后又一个实现经济腾飞的东亚国家。文化论也能帮我们预测，只要中国坚持走改革开放的道路，几乎肯定能在20年后成为一个中等发达国家。

第三类批评是即使同意文化对于经济发展也许很重要，但认为文化难以定义和做量化研究。例如，林毅夫教授就引用了两位人类学家的统计，社会科学文献中出现过164个不同的文化定义，这样含糊多义的概念似乎难以通过定量研究或实验来验证。但事实上，社会学家和政治学家早就在用价值观调查数据来做定量的文化研究❶。过去20年来，一些主流的经济学家（包括世界一流的学者）也开始用严谨、定量的方法来研究文化传统对经济的影响，已经形成一批不小的文献❷。经济学家的方法是将文化的概念局限到信念、价值观和社会规范这些方面，然后研究一些可以量化的文化特征对经济的影响，包括社会互信度、宗教信仰和节俭观等❸。近几年西方出版的两本由著

---

❶ Ronald Inglehart. Modernization and Postmodernization: Cultural, Economic, and Political Change in 43 Societies [M]. Princeton: Princeton University Press, 1997.

❷ Luigi Guiso, Paola Sapienza, Luigi Zingales. Does Culture Affect Economic Outcomes? [J]. Journal of Economic Perspectives, 2006, 20(2): 23–48.

❸ Stephen Knack and Philip Keefer. Does Social Capital Have an Economic Payoff? A Cross-Country Investigation [J]. Quarterly Journal of Economics, 1997, 112(4): 1251–1288; Rachel M. McCleary and Robert J. Barro. Religion and Economy [J]. Journal of Economic Perspectives, 2006, 20(2): 49–72.

名经济学家撰写的经济增长的教科书也开始有专章讨论文化在经济发展中的作用。例如，哈佛大学阿吉昂（Aghion）教授和布朗大学霍伊特（Howitt）教授在他们的《增长经济学》教科书中就指出，中国的储蓄文化可能是中国经济在改革开放后能够腾飞的重要原因，即使拥有与中国同样的制度条件，别的文化不同的国家也不会像中国增长这么快[1]。

还有一些对文化论的批评则更加尖锐，例如，将文化论等同于宿命论，或者将文化论等同于中国（或西方）文化优越论，甚至将文化论看成是文化种族主义。我们在下一节来回应这些批评。

中国式增长可以复制吗？

如果中国的增长奇迹是因为实行了什么特别有效的体制和政策造成的，那么原则上，中国式增长就是可以模仿复制的。“自由市场派”将中国的增长奇迹归因于改革开放，好像改革开放是中国的特色。若真是如此，那么在其他发展中国家

[1] Philippe Aghion & Peter Howitt. The Economics of Growth [M]. Massachusetts: The MIT Press, 2009: 429; David N. Weil. Economic Growth (3rded.)[M]. Pearson Education, 2013.

就很容易复制。但正如前面多次提到的那样，许多发展中国家的市场化程度和对外开放的程度是超过中国的，但并没有实现中国式的高速增长。不过，“自由市场派”经济学家大概没有几个有把中国经验推广到其他发展中国家的意图，因为在他们眼里，中国的改革开放还远远不够，不值得别的国家模仿。

与“自由市场派”相反，“发展型政府派”——也许更应该叫“产业政策派”——的一些经济学家则希望总结包括中国在内的东亚国家和地区的产业政策经验，然后推广到其他发展中国家。林毅夫教授倡导的所谓“新结构主义经济学”就是要达到这个目的，其基本观点就是发展中国家政府可以通过采取一些政策来发展符合本国比较优势的产业，从而实现中国式或者说东亚式的增长。按照这种理论，大多数发展中国家这么多年之所以没有实现中国式的高速增长，主要是因为走错了发展道路，是个思想认识问题，是不懂发展经济的正确方法。据此推论，如果“新结构主义经济学”早诞生几十年，那么很多发展中国家就可以避免错误的产业政策，实现高速增长。可是，“新结构主义”顾名思义是个新理论，而无论是日本、“亚洲四小龙”还是中国大陆的经济腾飞都是在这个理论出现之前就发生了的事。难道这些不同的东亚经济体各自通过在黑暗中摸索，都找到了经济发展的妙方，而其他发展中国家则要等到中国的经济学家所发明的理论去给他们指引方向?

"产业政策派"的观点自然受到很多"自由市场派"经济学家的严厉批评。但是"自由市场派"无法说服"产业政策派",因为用改革开放来解释中国40年高速增长经不起全球比较的检验。事实上,中国改革开放的力度是令"自由市场派"非常不满意的。但是,为什么尽管如此,中国仍然实现了全球最快的增长速度呢?"自由市场派"通常的解释是中国经济原来基数低,又有大量廉价劳动力,通过吸收西方已有的科技成果,融入国际分工中去,很容易实现高速度的增长。但是,"自由市场派"经济学家却忽视了这样的事实:那些经济自由度并不亚于中国的中、低收入国家在过去40年里都未能实现中国式的增长。而"产业政策派"经济学家正是用这样的事实来反驳"自由市场派"的。在西方,代表自由市场派经济思想的"华盛顿共识"也正是因为未能帮助亚非拉国家实现经济发展而广受批评的。

与"自由市场派"和"产业政策派"不同,本书则试图论证,中国发展的比较优势是勤俭节约和重视教育的传统文化,改革开放和中国传统文化共同构成了过去40年高速增长的根本动因;中国增长动因的特色是我们重视储蓄和教育的传统文化。在这个意义上，文化论能够使我们坚定市场化、法治化和民主政治制度化的信念[1]。但很遗憾的是，我感觉最激烈地批评文化论的恰恰是那些“自由市场派”经济学家。

本书第2章指出了中国式增长直接动因的特征是高储蓄、高投资、基础教育的高质量，以及技术进步的高速度，而本章又指出，上述这些特征源自中国民间高度重视储蓄和教育的传统文化。既然中国式高速增长之根本动因在于中国文化，而文化是无法简单复制的，那么，或许只有受中国文化影响较深的越南才有可能实现类似的增长。

文化论的批评者会说，这种观点无异于宿命论：如果经济发展是由文化决定的，政策就是无能为力的，那些没有鼓励储蓄和重视教育这种文化的国家就注定无法实现经济发展。但是，本书所主张的文化论并非宿命论。第一，我们说文化影响经济发展，并不是主张一元的文化决定论，不是否认制度的重要性，也不是说政策无所作为。即使文化相似的两个国家，或者同一个国家不同的时期，经济增

[1] 市场化、法治化和民主政治制度化也是中共十八届三中全会《关于全面深化改革若干重大问题的决定》所提出的目标。吴敬琏.中国经济改革进程[M].北京：中国大百科全书出版社，2018.

长速度的差异也可以很大，这与制度和经济政策是有关系的。本书只是想强调，中国以及其他东亚国家和地区这样持续多年超高速的增长，是有文化力量在推动的，不只是体制和政策因素的结果。但是即使一个没有中国这样强烈的储蓄和教育文化的国家，在合理的体制和政策下，也可能实现譬如3%左右的人均GDP的持续增长，这样假以时日，也一样会最终赶上长期增长率只有1%～2%的发达国家。其次，文化也并非一成不变的。事实上，一些主张文化论的经济学家就试图说服发展中国家政府去改变其不利于经济增长的文化，只不过学者的力量有限，他们的主张并没有得到多少人的响应[1]。也有学者发现有些文化特征变化可以很快，但有些就变化很慢[2]。至于储蓄和教育的文化是否容易改变，目前学术界似乎还没有什么研究。不管难易，如果一开始就否认文化的作用，那改变文化就无从谈起。

还有批评者将文化论等同于（东方或西方）文化优越论。又因为文化与民族乃至“种族”（race）常常是相关联

---

❶ Lawrence E. Harrison, et al. How Much Does Culture Matter? [M]. Cato Unbound Book, 2006.

❷ 参见前引Ronald Inglehart的书。

的，所以文化论也被批评者当成是一种隐形的种族主义，或者叫文化种族主义（Cultural Racism）[1]。这些批评同前面的批评一样也是出于对文化论的误解。本书所主张的文化论与文化种族主义绝不相干，后者通常将文化当成一个民族或种族的固定不变的特征，并且认为文化有高下优劣之分，甚至用文化差异来宣扬种族主义的观点和政策（如排斥移民和种族歧视）。

上面这些文化论的批评者从根本上反对用文化特征来解释经济现象，他们的批评无异于假设所有民族的储蓄和教育的文化都是一样的。但是，不同民族的文化有什么理由一定会是一样的呢？如果认为一样，批评者就需要拿出证据，而不是假设其一样。文化论的批评者还错误地将文化论等同于用经济增长速度作为衡量文化优劣的标准，即有利于GDP增长的文化就是好的文化，否则就是劣等文化。但本书中的文化论纯粹是一个价值中性的概念，只是说重视储蓄和教育的文化有利于经济增长，而没有说经济增长本身在道义上有什么优越性，更不认为有利于经济增长的文化就是优越的文化。事实上，如果经济增长的代价太大，少一点增

---

[1] R.D. Grillo. Cultural Essentialism and Cultural Anxiety [J]. Anthropological Theory, 2003, 3(2): 157–173.

长可能是好事。物质财富的积累只有对于喜欢物质财富的人才有意义，诗人和银行家都可以在各自的生活中找到意义。无论是老百姓还是经济学家都早就认识到，经济增长与幸福并没有必然关系[1]。有经济学家还注意到，虽然很多发展中国家的人均收入增长很慢，但如果看其他更能反映人民福祉和生活质量的指标如健康水平、人均寿命和受教育机会，几乎所有的发展中国家在过去几十年里都有显著的进步[2]。

---

❶ 经济学家伊斯特林（Richard Easterlin）认为，虽然在一个国家内部，收入高的人比收入低的人平均说来要幸福一些，但整个国家的收入水平上升并不提高国民平均的幸福感。也就是说国家的经济增长速度与人民的主观幸福感没有明显的关系。参见：Richard A. Easterlin, "Does Economic Growth Improve the Human Lot?" in Paul A. David and Melvin W. Reder, eds., *Nations and Households in Economic Growth: Essays in Honour of Moses Abramovitz*, Academic Press, 1974: 89–125; Richard A. Easterlin. Will Raising the Incomes of All Increase the Happiness of All? [J]. Journal of Economic Behavior & Organization, 1995, 27(1): 35–47.

❷ Charles Kenny. Why Are We Worried About Income? Nearly Everything that Matters is Converging [J]. World Development, 2005, 33(1): 1–19.

第4章

中国经济的下行、贸易战与增长前景

中国经济增长的速度近年来呈下行趋势，GDP增长率已经从最高位2007年的14.2%滑落到2018年的6.6%，相应地，人均GDP增长率则从13.6%降到了6.3%。那么，中国经济下行的原因是什么？中国经济增长的中长期前景如何？中美贸易摩擦将如何影响中国经济未来的发展?

我们在本书第2章区分了中长期经济增长的概念和短期经济波动的概念。经济增长从来不是一帆风顺的，增长率的周期性波动几乎是不可避免的，因此也可以说是正常的。从图4-1可以看出，中国经济增长在过去40年里虽然平均达到8.48%的增长率，但并非年年都是8%～9%的增长，而是经历了四个增速上行和下行的周期。同一时期，美国也出现过四次经济衰退（指GDP负增长），印度经济的波动则更加频繁。虽然经济波动不可避免，但适当的政策可能会减轻经济的波动，而错误的政策则可能会加剧经济的波动，拉长经济的衰退期，延缓经济的复苏。

2008年全球金融危机使得发达国家陷入二战之后最严重的经济衰退，美国、日本和欧盟2009年的GDP增长率

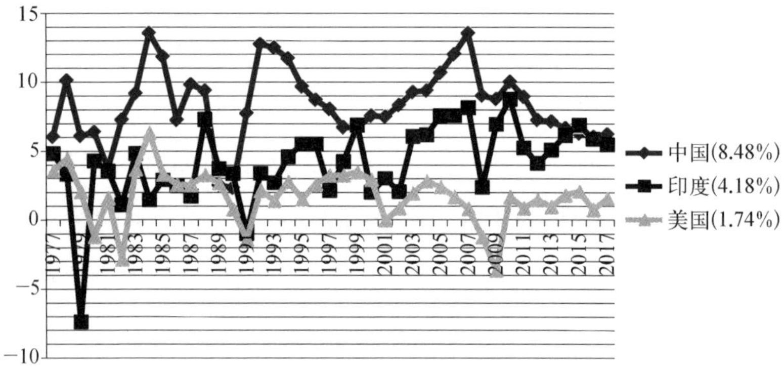

图4-1 经济波动：人均GDP增长率（%）的变化：1977—2017年

分别是−2.78%、−5.42%和−4.35%。由于中国采取了大规模的所谓“四万亿”刺激政策，2009年GDP增长率虽然远低于2007年的水平，但仍然有9.4%的增长率。可以想象，如果没有采取刺激政策，中国经济的下滑一定也会非常严重。2010年全球经济复苏，中国经济也跟着复苏，但欧洲一些国家的债务危机又让欧盟在2012年再次陷入经济衰退，中国对欧盟的出口增长也大幅下滑。中国出口增长率（扣除价格因素后）由2011年的10.3%下降到2012年的5.9%，GDP增长率也由2011年的9.54%下降到2012年的7.86%，成为2000年之后最低的增长率。从图4-2可以看出，2013年出口有所复苏，但从2014年到2016年，出口又基本下滑到零增长的水平，固定资产投资增速下滑幅度更大，由2013年的19.2%的增长率（这里所说的增长率都是扣除价格因素后的实际增长率）降到2016年的8.8%。2017年出口有所复苏，但固定资产投资增长率却降到1.4%，创1990年以来新低！GDP增长也从2015年开始跌破7%，并下滑到2018年6.6%，也创了1990年以来新低。

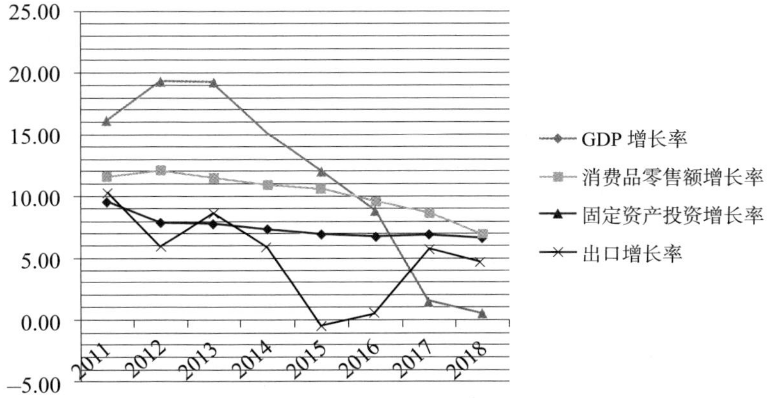

图4–2　中国的消费、投资和出口与GDP的增长率（%）：2011—2018年

注：所有增长率都是扣除价格因素后的实际增长率，消费品零售和固定资产投资多数年份的实际增长率来自国家统计局。统计局数据缺失时，作者根据名义增长率减去相关的价格指数得出实际增长率。

中国经济下行的原因

中国经济下行的原因究竟是周期性的、结构性的还是其他什么原因？经济学界的观点分歧很大，有经济学家认为主要是周期性原因，也有经济学家认为主要是结构性原因[1]。所谓周期性原因，指的是造成经济波动的正常的或者常见的原因，如经济过热后出现的调整，或者国外经济波动的传导。确实，中国经济2007年14.2%的增长率显著超出长期平均增长率，是不可持续的，属于经济过热。即使没有2008年的全球金融危机，这样的增长速度也会降下来。另一方面，2014—2016年出口增长大幅下滑，所以国外需求的疲软也许是这3年中国经济下行的原因之一。但是中国从2012年开始的经济下行已经历时7年，而且2015—2018年连续4年低于7%的增长率，比之前10年（2005—2014）的平均10%的增长下降幅度过大，似乎难以用外部因素或者自然周期来解释。

将中国经济下行归咎于结构性原因的经济学家认为中国

[1] 英文期刊《Frontiers of Economics in China》在2019年第1期（Volume 14, Issue 1）专刊讨论这个问题，其中有主张周期性原因的林毅夫教授和主张结构性原因的田国强教授的辩论文章。

的经济结构出了问题，包括体制改革的滞后、人口红利的消失、创新驱动没有跟上等。但是，将短期的经济下行归结为体制原因理论上有问题，因为只要经济体制没有明显变差，就不会导致经济增长下滑。另外，我们在前面已经指出，人口红利在中国增长中的作用被夸大了，而且人口因素对增长的影响是缓慢的、长期的；至于创新驱动，各种指标都显示中国的创新水平恰恰是在迅速上升的。

也有经济学家认为中国经济增长的下行其实是长期增长率的下滑，是生产率增长的下降。这一方面是因为中国已经是中上等收入国家，所以后发优势正在减弱，生产率的增长速度自然要下降；另一方面是因为中国一直靠高投资驱动增长，最终导致投资回报率下降，同样的投资只能带来更低的经济增长率[1]。确实，随着中国人均GDP达到中上收入水平，双位数增长的时代已经过去了，单纯靠复制发达国家的技术和产品实现增长的空间也越来越小。但是短短几年平均GDP增长率下滑3%以上似乎不能拿生产率的下滑这种长期因素来解释。另外，我这里引用的GDP增长率都是来自国家统计局公布的官

[1] Chong-En Bai and Qiong Zhang. Is the People's Republic of China's current slowdown a cyclical downturn or a long-term trend? A productivity-based analysis [J]. Journal of The Asia Pacific Economy, 2017, 22(1): 29–46.

方数字，而根据一些学者的研究，中国最近一些年的GDP增长率有可能被高估了，也就是说经济下行的程度比官方数据显示的或许还要更加严重[1]。

即使中国经济最近几年的下行可以部分地归咎于一些结构性原因，但增长的急剧减速主要还是属于经济波动的范畴，要用投资、消费和出口这三个需求因素来分析。2013—2018年间，中国的投资、出口和消费增长都显著下滑，GDP增长率自然也跟着下滑。但图4–2清楚地表明，这五年里经济下行最主要的推手就是固定资产投资增长速度显著放缓，去除价格因素后的实际增长率由2013年的19.2%一路下降到2017年的0.1%，2018年仍然只有1.8%。中国在2014—2018五年里平均投资增长率只有7.2%，而在1991—2011年高速增长年间固定资产投资的实际增长率平均达到18%。

与投资相比，出口主要是在2015—2016两年里增长下滑比较严重，但为了生产出口产品所需要的进口品的增长也跟着下滑，所以作为总需求一部分的净出口变化其实并不算大。从图4–2还可以看出，消费的下行要小于GDP增长的

---

[1] Wei Chen, Xilu Chen, Chang-Tai Hsieh, Zheng Song. A Forensic Examination of China's National Accounts [J]. NBER Working Paper, 2019: 25754; 赖平耀和朱天：《中国是通货紧缩还是通货膨胀？》，英国《金融时报》中文网，2016年11月2日（http://www.ftchinese.com/story/001069948?full=y）。

下行，与投资的下行相比更是小得多，因此，短期GDP增长中消费的增长所占比重会上升。这个现象常常被一些官员解释成是近年增长质量的上升，其实，这只不过是投资下行超过GDP增长下行的自然结果，与所谓增长质量根本无关。

那么究竟是什么造成了中国固定资产投资增长出现如此大幅度的、持续的下滑呢？原因可能主要有两个方面。首先，2013年后，国家的政策目标变得更加多元，不再像过去那样单纯地追求GDP的增长，而是更加重视环境保护。在环保的高压下，投资热度降温、经济增长放缓应该是意料之中的。山西就是一个明显的例子，一方面山西是煤炭资源大省，受环保政策加强的影响较大，另一方面，山西也是在反贪运动中被中央执纪审查的省部级官员最多的省[1]。全国2014—2016年3年的平均GDP增长率是6.98%，而山西只有4.17%，分别比之前10年（2004—2013）的平均增长率下降3.36%和7.56%。另一个煤炭资源大省内蒙古自治区的增长率在同样的两个时期也大幅下滑了9.15%。

经济下行的第二个原因是过去几年的财政和货币政策总

[1] 根据中纪委网站的数据，在2013—2015年中全国被中央执纪审查的省部级官员约50人，其中山西就有8位，而第二多的省份只有3位。

体上看是收缩性而非扩张性的，这也许是对众多批评2009年强刺激政策的声音的一个防御性反应。从图4-2可以看出，2014—2015两年里投资和出口增长都大幅下滑，导致经济增长不景气。这种情况下，正常的经济政策应该是反周期的，即采取比较积极的财政和货币政策来刺激经济增长，但2016年却开始了去产能、去杠杆的顺周期（即紧缩的）宏观调控政策。从图4-3可以看出，中国在2016年和2017年的两年里，无论是财政支出还是货币供应的增长率都是大幅下降的，尤

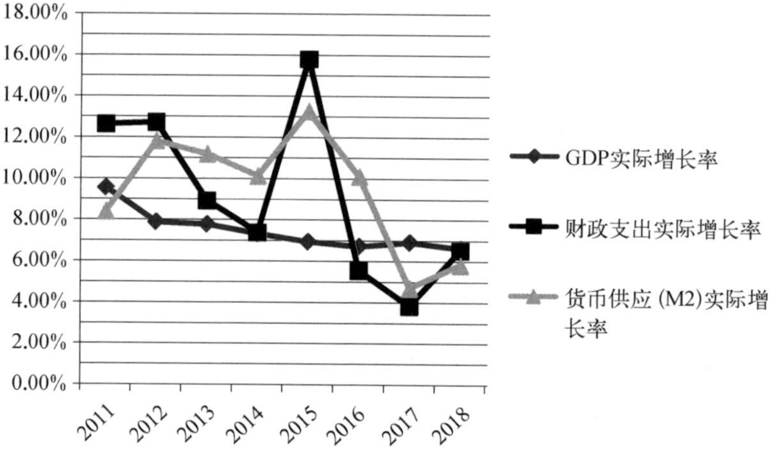

图4-3　中国财政支出与货币供应增长率：2011—2018年

注：所有增长率都是扣除价格因素后的实际增长率，财政支出与货币供应的实际增长率是作者根据年度财政支出和货币供应量计算出来的名义增长率减去通货膨胀率（GDP deflator）得出的结果。

其是2017年时，两者都显著低于GDP增长率。这种过紧的财政政策，尤其是过紧的货币政策，当然无法扭转经济下行的趋势。

所以在我看来，中国经济近几年的下行不只是正常的经济周期，也主要不是外部环境和内部结构性因素造成的，而是——起码在相当程度上——政策选择的结果。

被误判的中国经济

为什么在中国经济增速放缓的时候会采取所谓“顺周期”的紧缩政策呢？很可能是因为对政策和舆论有影响力的经济学家——除了国内的“经济智囊”外，还包括来自国际组织、华尔街和西方研究机构的一些经济学家——误判了中国经济。具体来说，投资在经济增长中的重要性被大大低估，而货币超发和企业负债的程度又被显著高估。

本书第2章指出，影响经济波动的因素与影响长期经济增长的因素是不同的，前者包括投资、消费和出口这三个需求因素，后者包括投资、教育和技术进步这三个供给因素。两组因素中只有投资是共通的，因为投资既创造短期的需求，又创造长期的供给能力，可见投资无论对短期还是中长期增长都十分重要。而很多对政策和舆论有影响的经济学家就是恰恰与投资过不去，觉得中国经济一直依赖高投资拉动增长，既造成产能过剩、企业盈利下降和经济下行，又导致企业杠杆率（即负债率）过高。按照这些经济学家的观点，中国经济下行的原因不是（或者主要不是）总需求不足，而是总供给过多，所以需要去产能、去杠杆。这样的政策自然导致固定资产投资增长的急剧下降，经济增长不仅得不到复苏，反而进一步下滑。

其实，中国的产能过剩未见得是投资过多的结果，要知道在经济下行的时候自然会出现产能过剩，在经济上行、需求增加后产能过剩自然就会减少，甚至出现产能不足。所以，产能过剩不是经济下行的原因，而很可能是经济下行的结果。如果将去产能作为一个指令性政策而不是靠市场调节，那就很容易出现行政干预一刀切的局面，让增长的衰退更加严重。实际的情况可能正是如此。

为什么很多经济学家都认为高投资率是个问题呢？部分是因为有些经济学家没有区分经济增长和经济波动，将中长期增长的动力与短期经济波动的原因混为一谈，将投资、消费和出口三者都当成了经济增长的动力，也就是媒体上常说的“三驾马车”。由于中国的投资率显著高于其他国家（尤其是欧美发达国家），于是他们便认为中国投资过度，经济增长太过依赖投资拉动，而消费则不足。殊不知，高储蓄与高投资恰恰是中国经济的一个巨大优势！

还有一些懂得增长理论的经济学家也低估了投资的作用，他们认为长期增长主要取决于技术进步或者说生产率的提高，反对用扩大投资来刺激经济的凯恩斯主义政策。他们依据的是新古典增长模型（即“索洛模型”）在长期均衡状态（steady state equilibrium）下的结论。这个结论并不能用来分析发展中国家追赶式的增长（catching-up growth，也称transitional growth），更不能作为分析短期经济波动的工具。其实，技术进步根本离不开投资，很难将两者对经济增长的作用严格区分开来。无论是处于技术前沿的发达国家，还是技术相对落后的发展中国家，大多数的投资都不是用于增加原有技术设备和厂房设施，也不是用于增加原有产品的产量，而是用在获得新的技术、设施和新产品的生产能力上。

有经济学家认为中国的资本回报率在2008年后显著下降，说明投资效率变低或者说投资过多[1]。同时，根据宾大世

---

[1] Bai Chong-En and Zhang Qiong. The Return on Capital in China and Its Determinants [J]. China Economist, 2015, 10(3): 20–37.

界表（PWT9.1版本）的数据，中国资本产出比也显著上升，即同样的产出需要更多的资本投入。但是，中国资本回报率的下降和资本产出比的上升相当程度上可能是统计误差造成的现象，不一定表明投资效率的下降。首先，中国的投资率被官方统计高估了[1]，因此在计算资本回报时作为分母的资本存量自然就被高估，从而导致据此所估算的资本回报率的下降。第二，中国很多的投资可能是地方政府公共设施、基础设施的投资，长期的社会回报也许很高，但这是间接回报，不一定会算到资本回报率里，其对GDP的直接贡献只是按很低的折旧率来计算的。第三，中国很多的投资是在房地产上，而房地产对GDP的长期贡献主要体现在居民自有住房的虚拟租金里，但在中国，这个虚拟租金却被统计局显著低估了[2]。结果就是资本总量被高估，对GDP的贡献被低估，造成根据官方数据估算出来的资本回报率的下降和资本产出比的上升。

对中国经济的另一个误判是认为中国货币超发，货币供应与GDP的比率过高，引起资产——尤其是房地产——泡沫。

---

❶ 朱天，张军，刘芳.中国的投资数据有多准确[J].经济学季刊，2017，16（3）：1119–1218.

❷ 朱天，张军.中国的消费率被低估了多少[J].经济学报，2014，1（2）：42–67.

货币超发自然就意味着信贷扩张，其结果就是企业债务增长过快、杠杆率过高。根据这个判断，中国的资产泡沫和高杠杆若不加控制就会酿成金融危机。

确实，从表4-1的数据看，中国大陆广义货币（即所谓的M2）与GDP之比在2016年达到2.08，排名世界前列，是美国水平的两倍多，是全球平均水平的三倍。这样比较来看，中国的M2/GDP比率好像是太高了。但是，并没有经济理论说M2/GDP比率高有什么不好。事实上，研究经济发展的学者常常用这个比率来衡量一个国家或地区的金融发展水平。由表4-1也可以看出，低收入的非洲国家或地区的M2/GDP比率很低，而高收入的经合组织（OECD）国家或地区则相对较高，金融业发达的中国香港地区和瑞士则更高。总之，全球各国或地区的M2/GDP比率差异巨大，影响这个比率的因素很多，但不管怎样，这个比率与经济增长、通货膨胀、资产价格泡沫，以及金融危机的风险都没有必然的联系。正因为如此，这个比率并不是一个国家的货币政策需要考虑的指标。一般来说，市场经济国家的货币政策主要是依据通货膨胀率和失业率（或者经济增长率）来决定货币政策是放宽还是收紧。除非通货膨胀上升，否则就很难说货币超发。

表4-1　广义货币供应（M2）与GDP的比率及其变化的国际比较

国家或地区	M2/GDP（2016年）	2006—2016年间M2/GDP变化率
中国香港	3.77	37.02%
日 本	2.42	23.52%
中国（大陆）	2.08	32.36%
瑞 士	1.90	41.49%
越 南	1.51	90.72%
韩 国	1.47	23.26%
英 国	1.42	12.30%
新加坡	1.31	17.56%
澳大利亚	1.18	41.23%
经合组织(OECD)成员	1.18	15.15%
巴 西	1.00	55.42%
美 国	0.90	21.48%
印 度	0.75	8.18%
瑞 典	0.69	23.33%
全球平均	0.68	39.48%
拉丁美洲与加勒比地区	0.64	47.14%
俄罗斯	0.59	57.06%
撒哈拉以南非洲	0.36	2.31%
刚果民主共和国	0.14	135.75%

中国的M2/GDP之比高于绝大多数国家其实并不奇怪。要知道，货币供应其实并不是靠央行印钱，最常用的货币供应指

标叫M2，也称为广义货币，包括流通中的现金和全部银行存款的总和。由于现金占比很少，只有4%，因此，货币供应基本上就是银行存款的同义词。当一个国家的储蓄率很高，其他金融资产投资的机会又相对不足的时候，银行存款就成为最主要的储蓄方式，因此，存款占GDP的比例高是很正常的。我们在第2章已经了解到，中国有全世界几乎是最高的储蓄率，所以M2/GDP的比率在全世界名列前茅是理所当然的。我们不能拿一个储蓄率高、直接融资（如公司股票和债券）不够发达的国家如中国的M2/GDP之比简单地与储蓄率低且直接融资最发达的美国相比。事实上，即使在20年前（1999年），中国的M2/GDP之比已经是1.34，位居世界前几名，那时候就有经济学家觉得中国的这个比率太高了，但20年过来，这个高比率并没有给中国经济带来什么麻烦。

有些经济学家会说，M2/GDP比率高可以理解，但是这个比率较快的上升才是危险的，说明货币供应增长速度超过GDP（名义）增长速度，多出的货币供应造成资产价格，尤其是房地产价格的上涨。但是，究竟是货币供应多了导致资产价格上涨，还是资产价格上涨了，需要相应地增加货币供应来支撑实体经济中的正常交易呢？孰因孰果并非一目了然。资产价格（尤其是房地产价格）是由自身的需求和供给两方面的多个因素决定的，货币供应只是因素之一，不一定起决定性作用。例如，美国的M2/GDP从来不算高，2006年次贷危机前的几年里（2001—2005）也没有怎么上升，一直在0.72左右，但仍然出现了严重的房地产泡沫，并最终酿成了全球金融危机。

从表4-1最后一列可以看出，在2006—2016年（中国大陆M2/GDP之比最高的一年）的10年间，M2/GDP之比上升了32.36%。但表中数据显示，这个上升其实是个全球现象，非中国所特有。中国M2/GDP上升的速度还低于全球平均水平（39.48%），即使美国也上升了21.48%。过去的10年里，全球货币供应增长较快，但GDP增长较慢，通货膨胀率很低，利率也低，这是全新的经济现象，是个需要研究的课题[1]。

中国人的储蓄率高就意味着银行存款多（即M2/GDP高），存款多就意味着贷款也多，而银行贷款就是借款企业的负债，因此，企业负债与GDP之比也就会较高。所以，中国企业的高杠杆可以说是高储蓄的自然结果，本身并不构成金融风险。

“去杠杆”本来是金融专业术语，但现在成了中文常用词。所谓杠杆，其实就是负债的意思，“去杠杆”就是减少负

[1] 根据货币数量论，M2/GDP等于货币流通速度的倒数，这个比率的上升，就意味着货币流通速度的下降。也许在一个低利息、低通胀的环境下，货币流通速度就会下降。

债。整个中国经济的所谓“宏观杠杆率”就是非金融企业部门+家庭部门+政府部门的全部负债与GDP的比率。根据国际清算银行（Bank for International Settlements, BIS）的数据，中国的这个比率在2018年是255%，与美国（250%）和发达国家平均水平（265%）相似，显著低于日本（375%）。经济学家和政策制定者所担心的主要是非金融企业的杠杆率过高，2018年初达到158%，远高于美国的74%和发达国家的平均水平93%，也高于日本的100%。更严重的似乎在于中国企业杠杆率在2016年前上升的速度很快，2016年第1季度创历史最高水平，达到162.6%，与2008年金融危机那一年第一季度的98.5%相比增加了64.1%，而美国和发达国家的平均企业杠杆率同一时期都没有上升，日本还有所下降。

但是，经济下行时期的杠杆率上升不一定是作为分子的负债上升过快，而很可能是因为GDP的增长速度放慢。如表4–2所示，非金融企业杠杆率2007年显著下降，因为那一年的经济增长率特别高，2009年，“四万亿”刺激政策将企业杠杆率大幅提升到121.3%，随后的两年均维持在这个水平。2012年后非金融企业债务的增长率并不比2012年前快，但由于GDP（名义）增长率显著下降，所以，企业杠杆率（债务/GDP）才会上升。

表4-2 中国的货币供应与企业杠杆率：2006—2018年

年 份	GDP实际增长率	GDP名义增长率	货币供应(M2)增长率	货币供应(M2)/GDP	非金融企业杠杆率（债务/GDP）	非金融企业债务增长率
2006	12.72%	17.15%	16.95%	157.49%	107.70%	
2007	14.23%	23.15%	16.74%	149.29%	97.90%	11.94%
2008	9.65%	18.24%	17.78%	148.71%	97.50%	17.75%
2009	9.40%	9.25%	28.42%	174.81%	121.30%	35.92%
2010	10.64%	18.32%	18.95%	175.74%	122.10%	19.10%
2011	9.54%	18.47%	17.32%	174.04%	121.30%	17.69%
2012	7.86%	10.44%	14.39%	180.28%	132.10%	20.27%
2013	7.76%	10.16%	13.59%	185.89%	142.40%	18.74%
2014	7.31%	8.19%	11.01%	190.75%	151.90%	15.40%
2015	6.92%	7.00%	13.34%	202.06%	158.30%	11.51%
2016	6.70%	7.91%	11.33%	208.46%	160.50%	9.41%
2017	6.90%	11.23%	9.04%	204.35%	158.10%	9.57%
2018	6.60%	8.85%	8.08%	202.90%	151.60%	4.37%

注：GDP和货币供应数据来自国家统计局，非金融企业杠杆率数据来自国际清算银行（https://stats.bis.org/statx/toc/CRE.html）。

更主要的是，中国的企业杠杆率与西方国家的指标其实不具有可比性。根据国家金融与发展实验室张晓晶的研究，中国非金融企业债务中，国企债务占比三分之二，其中又有一半左右是属于地方政府融资平台公司的债务，名义上是企业债务，实际上可以看成是政府债务[1]。按这个估计，如果扣除融资平台的债务，那么2018年中国非金融企业部门的杠杆率就大约在102%，与发达国家的平均水平差别就不明显了；而民营企业的杠杆率只有约50%，不能算高。所以如果说中国需要去杠杆的话，那也应该是地方政府和国有企业去杠杆，而不是一刀切地去杠杆。但在执行过程中，事实上民营企业反而成了去杠杆的主要对象。根据张晓晶等人的估算，国企债务在非金融企业债务中的比例由2017年的61.4%上升至2018年的66.9%，这说明民营企业被去杠杆的力度比国有企业要大得多。

另外，负债与GDP之比并不是衡量企业负债水平的最恰当的指标；而应该是用负债与资产之比，即所谓的“微观杠杆率”，而不是看GDP负债比。资产和负债是一个铜板的两个面，资产多、负债高是正常的现象。企业的还债能力与GDP没有必然关系，而是与其资产和经营水平相关。其实，中国工业企业的资产负债率自1999年以来总体上看还有所下降。只

---

❶ 参见张晓晶的官方网页（http://www.nifd.cn/Professor/Details/34）上发表的报告，包括张晓晶：《解剖中国债务灰犀牛》；张晓晶、常欣、刘磊：《宏观杠杆率首次下降，去杠杆目标部分实现》；张晓晶、常欣、刘磊：《坚持结构性去杠杆，避免“运动式”调控》。

是国有企业资产负债率与几年前相比有所上升，因为很多贷款都给了国有企业，但即使是国企，资产负债率这两年也有所下降，低于历史最高水平。

在衡量政府部门的负债水平时，用GDP作为分母还可以理解，因为政府的负债不一定是用来投资，不像企业负债那样有相对应的资产。但即使是政府负债，在作跨国比较时，也不能只看以GDP为分母的杠杆率，还要看政府的收税能力以及能带来收益或者可以出售的国有资产的水平。所以从这个角度看，即使将地方融资平台的债务加在一起，中国政府部门的杠杆率也只是90%左右，低于发达国家的平均水平，还是处于可以承受的范围。

贸易战的影响与中长期增长前景

2018年3月22日，美国特朗普政府宣布针对从中国进口的价值600亿美元的商品征收惩罚性关税，理由是中国“对美国知识产权和商业秘密的盗窃”，从而正式开始了对中国的贸易战。虽然很快两国政府都说愿意通过协商和谈判达成贸易协议，但谈判并不顺利。2019年5月5日，特朗普宣布将对2 500亿美元中国出口美国的商品加征25%的关税。影响或许更加深远的是，2019年5月16日美国商务部以“国家安全”为理由，将华为公司列入出口管制的“实体名单”，这意味着美国的公司不能与华为公司有生意往来，不能给华为公司供货。中美关系几乎一下子进入经济“冷战”的状态，似乎应验了哈佛大学艾利森（Graham Allison）教授的担心：两个大国可能会陷入所谓的“修昔底德陷阱”，即新崛起的大国与在位的大国之间难以避免的冲突[1]。中美最终无论达成什么样的贸易协议，两国的关系也几乎不可能回到贸易战之前的状态了。

特朗普政府发起贸易战可能有多重目的，并不仅限于解决贸易问题，在一些美国鹰派人士那里，甚至主要不是为了贸易问题。但贸易战的直接原因是美国对中国的巨额贸易赤字。如果美国对华贸易没有赤字，而是有顺差，那发动贸易战等于无的放矢。按美国的统计口径，贸易战前的2017年美国对中国的商品出口是1 298亿美元，从中国进口商品5 052亿美元，所以对华贸易逆差是3 754亿美元，相当于美国GDP的1.94%。但根据中国的统计口径，美国的对华商品贸易逆差没有这么高，要少1 000亿美元，原因可能主要是两国在转口贸易和加

---

❶ [美] 格雷厄姆·艾利森.注定一战：中美能避免修昔底德陷阱吗？[M].陈定定，傅强，译.上海：上海人民出版社，2019.

工贸易的统计上有差异。另外，美国在对华服务贸易上有几百亿美元的顺差。所以，从中国的角度看，中美贸易顺差没有美国政府所声称的那么多；但即使2 000多亿美元的顺差也是不小的数字。

那么为什么美国对华贸易有那么高的赤字呢？是因为中国采取了不公平的贸易政策吗（如操纵汇率、关税过高和设置非关税贸易障碍等）？贸易赤字对一个国家一定是坏事吗？贸易战能够减少美国的贸易赤字吗？从表4–3可以看出，中国对美国和欧洲的出口额相同，但中国从欧洲进口的商品额是从美国进口的两倍。因此，即使中国有什么不公平的贸易政策和手段，也不会是专门针对美国的，其他西方国家也会受到同样的影响。但中国对欧洲的顺差要小得多，中国对德国、日本、澳大利亚和韩国还有不小的贸易逆差。所以，中国对美国的巨额贸易顺差应该不是中国的所谓“不公平贸易政策”造成的，而主要是两个国家产业结构的差异以及在全球产业链中的位置不同造成的。我们在本书第2章已经讲过，一个国家的贸易顺差等于这个国家的储蓄减去投资，如果储蓄不足，小于投资的话，这个国家自然就会出现贸易赤字。贸易赤字其实就是一个国家在给定消费率不变的情况下，利用外国资金投资在国内经济建设上，所以贸易赤字国并没有吃亏。贸易战也许最终会降低美国对中国的双边赤字，但只要美国的国内储蓄率不变，仍然低于投资率，那么美国的整体赤字水平不会发生变化，无非是原来对中国的一部分赤字变成对其他国家如印度和越南的赤字。

表4-3　2017年中国对部分国家和地区商品贸易顺差/逆差（亿美元）

国家或地区	中国出口额	中国进口额	中国贸易顺差（负数为逆差）
美 国	4 298	1 539	2 758
欧 洲	4 291	3 268	1 022
亚 洲	10 963	10 294	670
德 国	711	970	−258
日 本	1 373	1 657	−283
澳大利亚	414	948	−534
韩 国	1 028	1 775	−748
中国台湾	440	1 554	−1 114

注：数据来自《中国统计年鉴2018》。

绝大多数经济学家——无论是中国的还是美国的——都知道上面说的道理，也都不赞成用贸易战解决贸易赤字问题。例如，曾任美国小布什总统的经济顾问委员会主席哈博德（Glenn Hubbard）教授就在英国《金融时报》撰文，指出美国政府不应该纠缠于双边贸易赤字，贸易战无助于解决美国贸易赤字问题，而是要增加国内储蓄，减少政府财政赤字。他还告诫特朗普政府，面对中国的“挑战”（如“中国制造2025”），简单的抗议不会有多大效果，而是要把自己的事情做好，改革美国国内政策，增加科研和教育投入，来保持美国技术领先的地位，而不是重建传统制造业[1]。

从中国的角度看，应尽可能地通过谈判解决与美国的贸易和其他争端，但最重要的也是要做好自己的事，在政策上全面建立市场经济体制和依法治国体系。中美贸易争端可能正是个契机，通过继续推进改革开放来应对挑战，谋取经济发展。在具体政策上，要改变近几年过紧的财政和货币政策，改变过紧的监管环境，继续保持经济的中高速增长。

从短期来看，贸易战会影响中国的出口需求，对中国的一些高科技公司如华为的技术封锁也会影响到这些公司的短期发展，从而在短时间内对中国GDP增长会有点影响，对有些行业和企业的影响还会更大。但中国对美国的出口占中国GDP的比例不到4%，即使美国对全部中国出口加征25%的关税，

---

[1] Glenn Hubbard. The US Can Win China Trade War by Getting Its Own House in Order [J]. Financial Times, 2018.

总额也就是中国GDP的1%，影响有限。贸易战更大的影响可能是给中国以及全球经济的未来带来的不确定性，影响企业和资本市场对未来的信心。在全球经济已经深度融合的今天，要想开全球化的倒车几乎不可能成功，中美经济、技术和人员的交流也不可能割断。但另一方面，持久的贸易摩擦或经济冷战可能引起全球供应链的重新布局和组合，促使部分产业向其他国家转移，降低一些企业在中国投资的积极性，减缓中国技术进步的速度，从而最终影响中国的中长期增长速度，但同时也会激励中国的自主创新。中长期的结果也许是中国一些中低端产业向印度、越南和一些东南亚国家转移，同时，有一部分国内企业会往高端产业发展，逐步替代美国的产品和技术，最终可能对美国高科技企业不利。这也是为什么很多美国高科技公司并不赞成特朗普政府对中国的贸易战和技术制裁政策的原因。

虽然中国经济增长的波动难以避免，但无论是贸易战还是其他什么挑战，甚至是金融危机，对中国长期增长率的影响都可能很有限。经济增长动力强的国家能够很快从危机中走出来，重新走上增长的道路，如1997—1998年亚洲金融危机后的韩国。但增长动力差的国家则可能在危机后一蹶不振，甚至三番五次地陷入金融危机，阿根廷就是这样的例子。

经济增长的直接动力就是我们在第2章讲的投资、教育和技术进步的能力。中国居高不下的储蓄率为物质资本的快速积累奠定了坚实的基础；与其他发展中国家相比，超高的基础教育质量和科技研发能力，加上与最发达国家相比仍然存在的巨大赶超空间，中国技术进步的速度还会更快。如果用上市公司的基本面分析作为比喻，我们可以把中国在投资、基础教育质量和技术进步速度上的相对优势看成是中国长期增长的基本面，这个优质的基本面很大程度上是中国人勤俭节约和重视教育的文化所赋予的，而非政策使然。当然不是说政策不重要，我们前面已经强调过，没有改革开放，没有政治稳定，中国经济增长的奇迹固然不可能发生。由于文化优势不会在经过一两代人后就消失，我们有理由对中国经济未来的发展前景保持乐观。只要中国继续坚持走市场化改革开放的道路，我们有理由相信在可以预见的将来中国也会像其他东亚经济体一样顺利加入发达国家的行列。

中国经济高速增长的起步时间比日本晚了约30年，比“亚洲四小龙”晚了约20年，另外，中国在1978年时的起点要比东亚其他国家和地区快速增长初期的起点更低。根据学术界常用的宾大世界表（PWT9.1版本）按购买力平价调整过的人均GDP数据，即使到2017年，中国（大陆）人均GDP也还只是美国的23%，而日本、新加坡、中国台湾和韩国先后在1957、1970、1973和1986年就已经达到了这个相对水平。而且这几个东亚经济体在之后的20年里又都继续保持了很高的增长速度，人均GDP分别达到美国的60%左右，每年增长平均约6.5%[1]。鉴于东亚国家和地区拥有的共同的储蓄和教育的文化，中国（大陆）也完全有能力在今后20年实现这样的增长速度，在2040年左右人均GDP达到美国60%的水平。这个预测会不会太乐观呢？要知道，根据宾大世界表的数据，日本、中国香港、中国台湾、新加坡和韩国先后在1977、1984、1993、1997和2007年就已经达到了这个水平。我们无非在说，以相对于2040年美国的收入水平的百分比为标准，20年后的中国（大陆）将会像12年前的韩国、22年前的新加坡、26年前的台湾地区、35年前的香港地区和42年前的日本一样。这并非是一个听上去过于乐观的预言。

---

❶ 这些相对于美国的百分比及增长率乃作者根据宾大世界表（PWT9.1版本）（www.ggdc.net/pwt）的数据计算得来，所用的人均GDP指标是该表中的变量cgdpo。

中美两个大国在贸易和技术领域乃至政治上的摩擦也许会是今后20年的常态，但中国经济自身的动力才是决定未来增长速度最关键的因素。贸易战或者经济冷战也许会延缓中国经济继续崛起的速度，但中国的崛起是不可逆的。世界各国应该做的是从中国的崛起中受益，而不是去防止中国的崛起。另一方面，中国也应该试图让其他国家从中国的崛起中受益。

更重要的是，中国经济增长的好处应该能够为全体中国人共享。但是很可惜，中国式增长的一个重要特征是收入分配不均的程度也迅速扩大。这与东亚其他一些曾经高速增长的经济体很不一样。当然，中国因为地大人多，地区差别较大，所以全国范围的收入不均程度可能会比与一个大陆省级规模经济体相似的台湾地区或者韩国要高。但是，日本有一亿多人，收入分配仍然非常均等。东亚各经济体收入分配情况的差异无疑是一个重要的研究课题。

致 谢

我在2016年出版了《中国增长之谜》一书，从全球比较的角度去探讨为什么在改革开放后的三四十年里中国经济的增长速度位居世界第一。虽然没有成为畅销书，但作为一本半通俗半学术的著作，销量也突破了1万册。尤其令我感到欣慰的是，书出版后，得到很多读者、特别是中欧国际工商学院的学生和校友的鼓励。但我的文化论观点也受到一些经济学同行的批评，本来计划专门著文来回答这些批评，但因忙于其他的工作就耽搁下来了。2019年初，我的同事、经济学家许斌教授问我是否有兴趣参与他为庆祝中欧国际工商学院建院25周年而主编的一套丛书项目，我想正好利用这个机会写一本小书来系统地回答同行的批评和学生在课堂上提出的一些问题，于是就欣然答应了。

2016年至今，中国经济出现了一些新的情况和挑战，包括经济增长的显著下行、民营经济的困境和投资的滑坡以及中美贸易摩擦的加剧，因此，我也正好利用这本书来阐述我对中国经济下行原因的理解，讨论贸易摩擦对中国经济前景的影响。

本书的写作和出版首先要感谢许斌教授，他作为负责中欧科研的副教务长，多年来在研究经费上和精神上都给了我很多的支持。同时，我也要特别感谢中欧副院长兼教务长丁远教授，他很认同我从文化和全球比较的视角来研究中国经济发展，他的鼓励和支持增强了我写作此书的动力。我尤其要感谢我的同事和好友车嘉华教授，他认真通读了全书，提出了很多宝贵的修改意见，连标点符号也不放过。在研究中国经济增长的过程中，我还得到过很多同事和朋友的帮助、鼓励以及有益的批评，包括池道、黄张凯、赖平耀、李铭俊、刘芳、钱颖一、宋铮、王小卒、文一、文贯中、徐立新、姚洋、余方、张军、张维炯、钟剑修和周黎安，在此表示衷心的感谢。过去几年里，我在中欧多个课程部门讲授中国经济，在与学员们课上和课下的交流中不断受到启发和激励。在中欧教书，是莫大的享受，我非常感谢中欧的同学和校友们。最后，我要感谢我的太太筱玲，她一如既往地支持我的研究和写作，还耐心细致地通读了全书，并做了认真的校对和修改。如果这本书句子通顺、错别字不多的话，那都是她的功劳。